企业的数字化转型研究

QIYE DE SHUZIHUA ZHUANXING YANJIU

于长江　彭国禄　宋金博　著

湘潭大學出版社
XIANGTAN UNIVERSITY PRESS

图书在版编目（CIP）数据

企业的数字化转型研究 / 于长江，彭国禄，宋金博著. -- 湘潭 : 湘潭大学出版社，2024. 12. -- ISBN 978-7-5687-1537-9

Ⅰ. F272.7

中国国家版本馆 CIP 数据核字第 2024AX4409 号

企业的数字化转型研究

QIYE DE SHUZIHUA ZHUANXING YANJIU

于长江 彭国禄 宋金博 著

责任编辑： 倪慧燕
封面设计： 李 平
出版发行： 湘潭大学出版社
社 址： 湖南省湘潭大学工程训练大楼
电 话： 0731-58298960 0731-58298966（传真）
邮 编： 411105
网 址： http://press.xtu.edu.cn/
印 刷： 长沙创峰印务有限公司
经 销： 湖南省新华书店
开 本： 710 mm×1000 mm 1/16
印 张： 14.5
字 数： 228 千字
版 次： 2024 年 12 月第 1 版
印 次： 2024 年 12 月第 1 次印刷
书 号： ISBN 978-7-5687-1537-9
定 价： 68.00 元

前　言

随着数字化的快速应用，数字化技术的冲击无处不在。在我们的身边，各行各业都在发生变化，其中不乏数字技术的颠覆性力量带来的翻天覆地的巨变。未来所有成功的企业都将是数字化企业。

近年来，全球宏观环境中的不确定性和复杂程度在不断增加。2023年，国际政治经济形势错综复杂，世界经济增长乏力，应对气候变化挑战重重。全球最大的上市咨询公司和《财富》世界500强公司之一——埃森哲（Accenture）的研究指出，中国企业面临着来自内外部的多重压力，疫情之后，经济复苏不及预期，企业利润率下降；全球供应链呈现出区域化趋势；企业面临更多的网络安全威胁；人才市场正面临转型等，这些都对数字化转型提出了更高的要求。工业和信息化部直属事业单位中国电子信息产业发展研究院（简称CCID）控股的大型IT信息服务企业——赛迪集团发布的《中小企业数字化转型研究报告（2024）》中，深入分析了中小企业在数字化转型中面临的形势和问题，并提出了对策建议。企业数字化转型不仅是技术层面的变革，更是企业整体战略和运营模式的全面更新。企业需要面对多重挑战，同时利用新技术带来的机遇，实现持续增长和竞争力提升。

本书是企业管理方向的书籍，主要研究企业的数字化转型。本书从数字经济与企业转型的基础介绍入手，针对技术发展与企业转型、数字经济的发展趋势作了简要说明，并分析了企业数字化转型的根本动力；接着对企业数字化转型的认知、模式、规划以及风险进行了研究阐释，还从组织管理、商业模式、生产运营、财务管理四个方面探讨了企业数字化转型的路径探索；最后对企业数智化发展、数字中台的建设以及精益数据的运用提出了一些建议，对企业数字化转型的应用创新有一定的借鉴意义。

学识有限，书中难免有遗漏和不妥之处，敬请读者谅解，并提出宝贵意见。

作　者

2024 年 8 月 28 日

目　录

第一章　数字经济与企业转型 …… 1

第一节　技术发展与企业转型 …… 2

第二节　数字经济的蓝海 …… 21

第三节　企业数字化转型的根本动力 …… 31

第二章　企业数字化转型的模式与规划 …… 41

第一节　企业数字化转型认知 …… 42

第二节　企业数字化转型的模式 …… 48

第三节　企业数字化转型的路径和规划 …… 55

第四节　企业数字化转型风险及转型定律 …… 67

第三章　企业管理的数字化转型 …… 76

第一节　企业文化是成功转型的关键 …… 76

第二节　虚拟组织是企业数字化转型的支持力量 …… 83

第三节　数字化管理模式与机制 …… 90

第四章 商业模式的数字化转型 …… 96

第一节 商业模式创新是价值创造方式的再造 …… 96
第二节 企业数字化商业模式创新指引 …… 102

第五章 企业运营的数字化转型 …… 108

第一节 数字化生产与供应链 …… 108
第二节 销售与运营端的基础数字化思维 …… 114
第三节 全客户生命周期管理流程 …… 120
第四节 全渠道覆盖整合营销 …… 127

第六章 企业财务的数字化转型 …… 134

第一节 企业财务管理 …… 135
第二节 财务管理与大数据的关系 …… 150
第三节 数字化转型背景下的企业新财务管理模式 …… 155
第四节 财务共享服务中心下的业财融合 …… 161

第七章 企业数字化转型的创新发展 …… 171

第一节 构建智能化数字平台 …… 171
第二节 基于数据处理的企业级大数据平台 …… 175
第三节 中台战略与企业数字中台建设 …… 184
第四节 精益数据理论驱动的数字化转型 …… 197

参考文献 …… 207

附录 企业数字化转型案例分析 …… 208

第一章　数字经济与企业转型

2022年初，国务院印发《“十四五”数字经济发展规划》，明确了“十四五”时期推动数字经济健康发展的指导思想、基本原则、发展目标、重点任务和保障措施。而在2022年“十大网络热议语”中，数字经济排在第八位。什么是数字经济？它和我们的现实生活有什么样的关系？实际上，数字经济并不遥远、高深，它已经在我们的现实生活中随处可见。移动支付、异地就医直接结算、各种网上购物平台……这些都属于数字经济的范畴，为我们带来了很多便利。

党的十八大以来，在党中央的高度重视下，数字经济已经成为经济发展的重要增量。《数字中国发展报告（2022年）》指出，2022年，我国数字经济规模达50.2万亿元，增速连续11年高于同期国内生产总值名义增速，数字经济占国内生产总值比重达41.5%。2023年12月，中央经济工作会议强调2024年经济工作要坚持“稳中求进、以进促稳、先立后破”，特别是将“先立后破”上升至推进新旧动能转换及统揽经济社会发展全局的高度。“先立后破”的核心就是用发展的办法解决发展中的问题，通过培育壮大增量调整优化存量。以“先立后破”的方式加快发展数字经济，是稳中求进工作总基调的应有之义，是遵循事物发展规律、扎实推进新旧动能转换和产业结构升级、加快构建新发展格局的重要抓手。在党中央的坚强领导下，在全社会的共同支持和推动下，我国数字经济规模持续增长，连续多年稳居全球第二，对经济社会发展的引领支撑作用日益凸显。

数字经济是继农业经济、工业经济之后的一个新的主要经济形态，主要体现为数字的产业化和产业的数字化，尤其是产业的数字化，对很多传统企业来讲具有重大战略意义。因为在数字经济时代，企业转型已是大势所趋。企业数字化转型是一个时代话题，我们要始终坚信：路途虽远，行则将至；事情虽难，做则必成。

第一节　技术发展与企业转型

技术是一个异常丰富的概念，它为人类创造了财富，成就了经济的繁荣，改变了人类存在的方式。我们生活在一个丰富多彩的技术世界里，技术已经融入我们的生活，可以说，技术无处不在，无时不有，已经成为我们生活中的重要元素，也是推动社会发展的巨大力量。

技术发展和企业转型是现代社会中两个紧密相连的主题，二者相辅相成，互相促进。技术的不断发展，导致企业必须转型；企业的转型升级，也促使新技术的出现，使得技术不断升级。随着科技的飞速进步，无论是大型企业，还是小微企业，均面临着前所未有的挑战和机遇，而企业转型则成为应对这些挑战、抓住机遇的关键手段。

一、技术和技术发展

（一）技术的含义和分类

1. 技术的含义

人类身处的不同时代都有技术，从纺织技术、农耕技术，再到建筑技术、汽车技术，为了满足人类的种种需求和愿望，技术应运而生。技术在对人类产生重大影响的过程中，其自身也得到了很大程度的发展。

技术（Technology）是运用现有的知识和工具，创造新产品或系统，或对已有事物进行改进以满足人类的需求与愿望的知识。它包括通过一系列的工艺和转化过程，将原材料变成成品的能力。这一过程涉及多种工艺、工具、设备、设施、标准、规范、指标及计量方法等的运用。技术不仅反映了人类如何利用、管理和改造自然界，也随着历史的发展而不断演进和进步。技术的发展为人类生活带来了巨大的变化，使我们能够更有效地解决问题，提升生活质量。随着科技的不断创新，技术的内涵和外延也在不断扩展，涵盖了从基础设施建设到高科技产品的方方面面。技术的不断应用和发展，不仅能够推动经济增长，还能改善环境、提高生产效率、促进社会进步。因此，技术的进步不仅是工具和方法的更新，更是人类智慧与自然和谐共生的体现。

早在古希腊时期，人类便开始对技术的本质和意义进行深入探讨。在古代西方，技术一词蕴含了知识、工艺与艺术等多重含义。当时的科学思想代表人物——亚里士多德，就曾将技术视为一种制作过程中的智慧体现。到了17世纪，英国哲学家弗朗西斯·培根提出，应当将技术作为一门实践性的学问来进行深入研究。最先对技术下完整定义的，则是18世纪法国思想家狄德罗，他在主编的《百科全书》中写道：“技术是为某一目的共同协作组成的各种工具和规则体系。”

世界知识产权组织在1977年版的《供发展中国家使用的许可证贸易手册》中，给技术下的定义是：“技术是制造一种产品的系统知识，所采用的一种工艺或提供的一项服务，不论这种知识是否反映在一项发明、一项外形设计、一项实用新型或者一种植物新品种，或者反映在技术情报或技能中，或者反映在专家为设计、安装、开办或维修一个工厂或为管理一个工商业企业或其活动而提供的服务或协助等方面。”可以说，这是国际上给技术所下的最为全面和完整的定义。

关于技术，我国古代则将其解释为技艺，《史记·货殖列传》中写道：“医方诸食技术之人，焦神极能，为重糈也。”这句话的意思是从事医术、饮食技术等职业的人，需要极度耗费精神，因为他们所从事的工作是非常重要的，能够直接关系到人的生命健康，因此他们的劳动成果也非常珍贵，被视为重金难求的宝贵财富。我国《辞海》对“技术”一词的注释是:“泛指根据生产实践经验和自然科学原理而发展成的各种工艺操作方法与技能。如电工技术、焊接技术、木工技术、激光技术、互联网技术、作物栽培技术、育种技术、基因技术等。还包括相应的生产工具和其他设备,以及生产的工艺过程或作业程序等。”

综上,我们认为技术的含义包括以下三方面:一是人们为了满足社会需求而发明和建立的工具与方法的集合;二是人们运用自然法则来操控和改变自然界的过程及其所具备的能力;三是对科学理论、技术技能以及生产实践中的经验进行具体应用和体现的物质形式。可以说,技术是人类为了满足自身的需求和愿望,在长期利用和改造自然的过程中,积累起来的知识、经验、技巧和手段的总和。技术因人而生、因人而变,既以人为动力,也以人为目的,技术因人而丰富多彩。

2. 技术的分类

技术根据生产领域的区分,可以被划分为多个类别,包括农业技术、工业技术、通信技术和交通运输技术等。

技术根据生产内容的差异,可以细分为多个领域,包括电子信息技术、生物技术、医药技术、材料技术、先进制造与自动化技术、能源与节能技术、环境保护技术和农业技术等。这些技术领域相互交叉,共同推动着社会生产力的发展和经济结构的优化。随着科技的不断进步,新的技术领域和分类也在不断涌现。

扩展学习

技术的出现可以追溯到人类的出现。制造和使用生产工具是人区别于其他动物的标志,是人类劳动过程独有的特征。技术的历史发展遵循了一个从简单工具和能源(主要是人力)向复杂高科技工具和能源转变的过程。

火山、地震、野兽、饥荒、瘟疫、严寒酷暑等,无一不威胁人类的生命。与自然抗争,改造环境,就成了人类的首要任务。要对抗自然界中的不利因素,人类需要借助工具。最初的技术仅仅是把现成的自然资源(比如石头、树木或其他植物、动物的骨头等）转换成基本的工具。在石器时代，通过刻、凿、刮、烤等基本方法，原材料被加工成有用的物品。人类学家已经发现了许多早期人类使用自然资源建造的住所和制造的器具。

一些动物也能够利用工具，那么是否可以说它们掌握了技术？例如，鸟时常会以许多材料建立精致的窝和简单工具。这些行为实际上是出于它们的本能，因此并不被认为是一种技艺。

人类掌握了用火，标志着人类技术发展中的一个重要转折。火作为一种简单能源，具有广泛的应用。最初，火可能被用来加热和准备食物，这一过程显著增加了植物和动物等食物资源的可用性，因为它大幅减缓了食物的腐败速度。

随着时间的推移，火的应用扩展到了天然材料的加工领域，使得人类能够利用那些需要通过火加工的自然资源。木材和木炭是最早被用作能源的材料。木材、黏土和石头（例如石灰岩）是最先通过火来塑形和改造的材料，它们被用来制作武器、陶器、砖块和水泥等产品。技术的持续进步带来了火炉和风箱的发明，以及提炼和锻造天然金属的能力。金、铜、银和铅是最早可被精炼出的几种金属。胜过石、骨及木制工具的铜制工具的优点很快地展现在早期人类身上，而自然铜的使用则大约在新石器时代晚期（约公元前9000年）。自然界里并不存在很大量的自然铜，但铜矿则是很普遍的。

轮子约在公元前3000多年被发明出来。金属的制作导致了如青铜和黄铜等合金的发明。钢等铁合金的第一次使用则在公元前1400年。

中国拥有悠久的科技发展历史。在《史记·货殖列传》中，“技术”一词已经出现，其意指“技艺方术”。直至宋朝，中国的技术能力长期领先于世界其他地区。英文中的“technology”一词源自希腊语“techne”（工艺、技能）和“logos”（言辞、理性），意指对造型技艺和应用技巧进行论述。该词在17世纪的英文中首次出现，当时主要指各种应用艺术。到了20世纪初，技术的含义逐渐扩大，开始包括工具、机械及其操作方法。

从人类早期开始，技术便与宇宙、自然和社会一起，构成了人类生活的四大环境要素。几千年来，技术极大地改变了社会的面貌。然而，直到19世纪，技术才真正开始快速发展。在古代，技术与科学是分离的。科学知识主要由贵族和哲学家拥有，而技术则由工匠掌握。中世纪之后，随着商业的快速发展和经济交换的活跃，科学和技术开始相互接近。到了19世纪，技术开始以科学为基石，进入了一个新的发展时期。在技术发展史上，爱迪生做出了巨大贡献，他建立了世界上第一个工业研究实验室，将科学与技术紧密结合起来，推动了二者的进步。

20世纪中期以来，技术发展的速度不断加快。从1939年发现铀核裂变到1945年7月第一颗原子弹的爆炸，仅仅过去了六年多的时间。电子计算机的出现带来了人类社会生活各领域的深刻变化。这些技术上的突破所引发的生产力飞跃被称为技术革命。

（二）技术发展的含义和特征

1. 技术发展的含义

技术发展主要涉及技术的进步和演变。在古代，技术主要指的是人的技艺和技能，而随着时间的推移，技术开始融入科学成分，成为人类在改造自然过程中积累起来的知识、经验、技巧和手段。技术发展的过程包括对传统技术手段和方法的改进以满足社会不断出现的新需求。

技术发展的历程可以分为以下几个阶段。

在工业革命之前，技术的发展是相对缓慢的，但为人类社会从地球表层获取物质、能量、信息提供了基础。自工业革命以来，技术的发展速度迅速提升，蒸汽动力、电力技术和以电子计算机为核心的信息控制技术的技术革新推动了人类文明的巨大进步。

技术发展受到经济、政治、文化和科学等外部因素的影响与制约。技术发展的模式主要包括技术成长的生命周期和S形曲线模式，这表明随着时间的推移，技术类似于生物体，有其产生、发展和衰退的生命周期。这一过程不仅反映了技术自身的演变，也揭示了其与外部环境之间的复杂关系。

在我们的日常生活中，科学技术的进步呈现出多元化、整合化、制度化以及全球化的特征。这一现象意味着来自不同领域的技术开始相互交融，形成一个统一的技术体系。同时，在制度化的推动下，这些技术得以实现全球范围内的应用和推广。这种趋势不仅促进了技术之间的协作与创新，还使得各国在科技发展上更加紧密相连，形成了一个相互依赖的全球技术生态系统。不同的技术领域在这种背景下不断吸收彼此的优点，推动整体科技水平的提升。同时，全球化的背景下，技术的传播速度加快，各国之间的技术交流日益频繁，这为经济的发展和社会的进步提供了强有力的支持。因此，科学技术的综合化与一体化不仅改变了单一领域的面貌，也影响了全球科技生态的构建。

随着科学技术的不断进步，人类社会的生产生活方式也在发生深刻的变化。

2. 技术发展的特征

技术发展展现了以下几个显著特征：

（1）自然和社会属性。技术是人们用以扩展自身自然能力和活动范围的工具，从这个角度来看，它具有自然属性，并成为自然界的一个组成部分。因此，技术活动必须遵循自然界的物理规律，技术手段和方法必须借助自然事物和过程。现代技术更是人类有意识地应用自然科学知识的产物。

（2）物质和精神属性。技术作为人类在自然界的活动方式，在物质生产中不仅是改造自然的资料和手段，包含物质要素，而且还是应用于实践的科学，即实践知识体系。技术手段除了物质要素外，还包括精神要素，是物质和精神在生产劳动过程中的统一。

（3）中立性和价值性。技术的价值负载问题是长期争论的焦点。关于这个问题，有两种观点：技术中立论和技术价值论。技术中立论认为技术仅仅是方法论的工具体现，在政治、文化、伦理上没有正确与错误之分，其本身是价值中立的。技术价值论则认为，任何技术都内含一定的价值判断，包括善恶、对错乃至好坏的价值取向。

（4）主体性与客体性。技术的本质在于人类对自然界的主动干预，而在这一过程中，人的知识、技能和经验等主观因素发挥着至关重要的作用。即使在当今高度发展的技术环境中，经验积累所带来的技能、窍门以及相关规则依然是不可或缺的。人们在进行技术操作时，往往需要依赖于之前的学习和实践，这些经验不仅能提高效率，还能帮助他们克服各种挑战。因此，主体的作用在技术创造与应用中显得尤为明显，人的主观能动性与客观环境之间的互动关系构成了技术发展的核心。

（5）跃迁性和累积性。技术史是不断变化发展的，不同历史时期占主导地位的技术不同，展现了技术的跃迁性。在人类社会早期，由于生产力水平较低，人们通常使用简单工具对自然对象进行加工，这使得材料加工技术在古代技术结构中占据重要地位。而近代工业革命则侧重于解决材料加工技术发展对能源动力的新要求，导致能源动力技术成为近代技术中的主导力量。

二、技术发展的重要性

技术发展的重要性主要体现在以下几个方面。

（一）创新性

技术进步始终与创新紧密相连。这种创新可能源于新的理论发现、新的技术应用，或是新的产品设计。创新是推动技术进步的核心动力，它不断推动人类社会向前发展。比如，大数据分析、人工智能、物联网、区块链、社交媒体及云计算等技术的迅猛发展，正在深刻地改变我们的思维方式、学习方式和生产方式，并将逐步影响我们的生活方式。随着这些技术的演变，人们的日常生活、工作方式和社交互动都在悄然发生变化。技术的创新不仅提升了效率，还带来了全新的机遇和挑战，促使我们重新思考个人与社会的关系。未来，技术的进一步发展将继续引领人类社会的变革，推动各个领域的不断进步。正因为如此，创新在技术发展中占据着不可或缺的地位，成为社会进步的重要引擎。通过这种创新，人类能够不断适应变化、突破极限，并迎接更加美好的未来。

例如，2022 年 11 月 30 日，一款聊天机器人程序——ChatGPT（Chat Generative Pre-trained Transformer）面世。ChatGPT 是人工智能技术驱动的自

然语言处理工具，它能够基于在预训练阶段所见的模式和统计规律，来生成回答，还能根据聊天的上下文与用户进行互动，仿佛真正像人类一样来聊天交流，更令人称奇的是它还能完成写论文、邮件、脚本、文案以及翻译等任务。

（二）快速性

随着科技的不断进步，技术发展的步伐也愈发迅猛，变化无常。这种迅速不仅体现在新技术的涌现上，也体现在技术更新换代的频繁程度上。如今，技术演进的速度远超以往的任何时期，新的创新和改进几乎每天都在发生。我们正处于一个快速发展的时代，新的技术成果不断涌现，推动着各个领域的变革。无论是人工智能、互联网，还是生物科技等，技术的更新迭代都在加速，给我们的生活和工作带来了深刻的影响。人们需要不断地适应这些变化，以跟上时代的步伐。可以说，今天的技术发展速度是历史上从未有过的，这种快速的变化为社会的发展注入了新的活力，同时也带来了新的挑战。

（三）融合性

随着科技的不断进步，各种技术之间的交融现象愈发明显。信息技术、生物技术、纳米技术以及新材料技术等领域，正逐步实现互相渗透与结合，形成崭新的技术体系。这种跨领域的融合不仅使技术的发展变得更加复杂多变，同时也为创新和应用带来了无限的可能性。各类技术的交互作用促使新理念和新方法的产生，推动了科学研究和实际应用的进步。随着不同领域的技术不断相互影响和协同发展，我们可以预见到未来将会出现更多令人惊艳的科技成果，深刻地改变我们的生活和工作方式。因此，关注技术融合的趋势，将有助于我们把握未来的发展机遇。

（四）全球化

科技的进步已经不再受到国界的限制，形成了一种全球化的趋势。来自世界各地的科学家与工程师们正携手合作，进行新技术的研究、开发与应用。这种跨国界的合作不仅加快了技术的创新步伐，也推动了全球范围内的技术进展。无论是在信息技术、工程设计还是生物科技等领域，不同国家的专业人士都在分享知识、经验和资源，共同面对复杂的挑战。通过这种协作，技术的演变更为迅速，推动了社会的发展和经济的繁荣。全球化的技术交流与合作，使得各国能够在更高层次上共同应对未来的机遇与挑战，增进了人类整体的福祉和进步。

（五）影响深远

科技的进步正在对人类社会产生日益显著的影响。它不仅重塑了我们的生产和生活方式，还改变了我们的思维模式和社会结构。随着技术的不断演变，我们的世界正经历着深刻的变革。这些变化影响着人们的日常生活，推动着社会的发展，促使我们重新审视自身与周围环境的关系。技术不仅是工具，更是塑造未来的重要力量。

实际上，技术的发展是一个复杂而多元的过程，它受到多种因素的影响，包括社会环境、经济因素、政策导向等。因此，我们需要全面、深入地理解技术发展的特征和趋势，才能更好地应对未来的挑战和机遇。

三、技术发展对企业的影响

技术发展对企业产生了深远的影响，这些影响表现在多个方面。

（一）生产效率提升

新技术的引入可以显著提高企业的生产效率，降低生产成本，从而增强企业的竞争力。

技术可以极大地提高企业的生产效率和运营效率。例如，自动化和机器人技术可以减少人力成本，提高生产线的速度和准确性。同时，云计算和大数据等技术可以帮助企业更好地管理和分析数据，提高决策效率和准确性。

（二）产品创新

随着科技的不断进步，企业面临着越来越多的创新机遇。这些技术的革新使得企业能够在市场中推出更加具有竞争优势的新产品以及服务。利用最新的科技，企业不仅能够提高其产品的质量，还能在满足消费者需求的同时，拓展市场份额。技术的发展为企业提供了各种工具和平台，帮助它们在激烈的市场竞争中脱颖而出。无论是在研发新产品的过程中，还是在优化服务体验方面，技术的应用都显得尤为重要。通过不断的技术创新，企业能够更灵活地应对市场变化，并快速适应消费者的偏好，从而实现可持续增长。因此，抓住技术发展带来的机遇，对企业的未来发展至关重要。

（三）市场拓展

随着互联网和电子商务技术的不断进步，企业在市场拓展和新销售渠道的开拓上变得愈加便捷。许多公司开始采用直播带货的形式，这不仅提升了其品牌和产品的知名度，还显著推动了销售业绩的增长。通过这种新的销售方式，企业不仅实现了销量的激增，还成功扭转了以往的亏损局面，走上了盈利的轨道。直播带货作为一种新兴的商业模式，吸引了大量消费者的关注，企业借此机会有效地与潜在客户互动，进一步增强了市场竞争力。通过结合现代科技与消费者的需求，企业能够在瞬息万变的市场环境中迅速调整策略，实现可持续发展。总之，互联网和电子商务的结合为企业带来了前所未有的发展机遇。

（四）客户服务改进

随着技术的进步，企业能够以更高效的方式满足客户的需求并提升客户体验。以人工智能和机器学习为例，这些技术能够被应用于智能客服系统和个性化推荐算法，从而显著提高客户的满意度和忠诚度。通过运用这些先进的技术手段，企业不仅可以提供更加个性化的服务，还能在响应速度和服务效率上得到提升，进一步增强客户的整体体验。这种技术的应用使得企业能够更好地理解客户的偏好和需求，从而在激烈的市场竞争中脱颖而出。最终，借助这些创新的解决方案，企业能够在满足客户期望的同时，赢得客户的信任与支持，建立长期的合作关系。

（五）改变商业模式

技术的迅猛发展推动了企业在商业模式上的变革。以电子商务和移动支付为例，它们的普及彻底改变了传统的零售和支付方式。为了跟上这些变化，企业不得不做出相应的调整，重新设计其商业运营模式，以更好地满足市场的需求。这种转变不仅是对新技术的响应，也是对消费者行为变化的适应。企业需要深入分析市场趋势，灵活应对新的竞争环境，以确保自身的可持续发展。随着技术的不断进步，企业若想在激烈的市场竞争中立足，必须积极拥抱这些新兴的商业模式，提升自身的竞争力，才能在未来的市场中获得成功。因此，适应技术发展带来的变化，成为现代企业必须面对的重要课题。

（六）提高安全性和合规性

随着网络安全和数据保护法律法规的日益严格，企业必须不断提升其技术能力和资金投入，以确保其业务活动符合相关的法律和标准。这不仅是为了遵循规定，更是为了有效保护客户的数据安全与隐私。面对日渐复杂的网络威胁和隐私风险，企业应当采取积极措施，强化其信息安全体系，实施全面的安全策略和技术手段，以应对不断变化的合规要求。此外，企业还需加强员工的安全意识培训，使其了解数据保护的重要性，从而在日常工作中自觉维护客户信息的安全。总之，企业在追求发展和创新的同时，必须将网络安全与数据保护置于重要位置，以维护客户的信任和自身的声誉。

四、企业转型的必要性

随着科技进步所带来的挑战，企业进行转型已成为一种必然选择。企业转型的主要目标在于适应不断变化的市场环境，以增强自身的竞争力和可持续发展能力。在这一过程中，企业需要重新评估自身的业务模式、运营流程和市场策略，从而更好地应对外界的变化。适应性强的企业能够有效地把握市场机会，抵御潜在风险，确保在激烈的竞争中立于不败之地。同时，转型也意味着企业需不断创新，提升管理水平和技术能力，以满足客户日益增长的需求。最终，成功的转型将使企业在新的经济形势下保持活力，实现长期稳定的发展。具体而言，企业转型的必要性主要体现在以下几个方面。

（一）适应市场需求变化

随着市场供求关系不断演变，企业必须灵活调整其经营策略，以便更好地满足市场需求。如果企业无法及时适应这些变化，可能会面临失去市场份额和客户的风险，这将对企业的生存和发展产生负面影响。因此，企业需要密切关注市场动态，实时分析消费者的需求，以确保能够在竞争中保持优势。只有不断创新和优化自身的运营模式，企业才能在变幻莫测的市场环境中立于不败之地。适应市场变化不仅是企业生存的关键，也是实现可持续发展的重要保障。企业应将灵活应变作为战略核心，以确保在激烈的竞争中稳步前行。

在此背景下，企业还需加强对内部资源的整合与配置，以提高应对市场变化的能力。通过构建高效的供应链管理体系，企业能够更快速地响应市场需求的变化，减少库存成本，提升客户满意度。此外，企业应注重数据分析技术的应用，利用大数据和人工智能来预测市场趋势，了解消费者行为，从而制定更为精准的市场策略。通过数据驱动的决策，企业可以在纷繁复杂的市场中找到新的增长点。与此同时，企业文化的建设也不容忽视。鼓励创新和灵活应变的文化能够激发员工的创造力，促进团队的协作，使企业在面对市场波动时，能够更快速地做出反应。定期的培训和团队建设活动可以提高员工的适应能力，使其在变化中保持积极的心态和执行力。此外，企业还需加强与外部环境的互动，构建良好的合作伙伴关系。通过与供应商、分销商及其他相关方的紧密合作，企业能够更好地整合资源，共同应对市场挑战。建立战略联盟和合作网络，不仅可以共享信息和资源，还可以降低市场风险，提高应变能力。最后，企业在追求短期利益的同时，也应关注长期发展战略的制定。可持续发展必须贯穿于企业的各项决策中，关注社会责任和环境保护，以确保在变化的市场中获得持久的竞争优势。只有做到这一点，企业才能实现稳健增长和可持续发展。

（二）提升竞争力

当今技术迅猛发展，企业必须不断保持技术的领先优势，才能在激烈的市场竞争中立足。为了增强竞争力，企业需要进行转型，这包括优化资源的配置、提升技术水平以及调整商业模式等方面，以便更好地满足客户的需求，进而在竞争中获取有利地位。通过这些措施，企业能够更有效地应对市场变化，保持活力和竞争优势。

在企业转型过程中，数据驱动决策的重要性愈发凸显。利用大数据分析，企业能够深入了解市场趋势和消费者行为，从而制定出更为精准的营销策略。通过对客户数据的分析，企业可以识别出潜在的市场机会，并针对特定的客户群体进行个性化服务，提高客户满意度和忠诚度。这种以数据为基础的决策模式，不仅提升了企业的响应速度，还增强了其创新能力，使企业在快速变化的市场环境中能够稳步前行。此外，技术的不断进步也促使企业在产品研发上进行创新。通过引入人工智能、物联网等新兴技术，企业可以更高效地进行产品设计和生产，缩短研发周期，降低成本。这种跨领域的技术融合，不仅提升了产品的质量，还能够为消费者带来更好的用户体验，进一步巩固企业的市场地位。与此同时，企业文化的建设同样不可忽视。积极向上的企业文化可以激发员工的创造力和积极性，形成良好的团队协作氛围。在转型过程中，企业应注重对员工的培训与其发展，提升其技能水平，以适应新技术和新模式的要求。通过建立一种学习型组织，企业能够在面对挑战时更具韧性，确保各项转型措施的顺利实施。最后，企业还需关注可持续发展，通过绿色技术和环保措施，减少对环境的影响。这不仅是社会责任的体现，也能提升企业的品牌形象，吸引更多的消费者。综上所述，企业在转型过程中应从多方面入手，综合运用技术创新、数据分析、文化建设和可持续发展策略，以实现全面提升竞争力的目标。

（三）实现可持续发展

面对资源匮乏和环境污染等全球性挑战，企业亟须调整其发展模式，以实现可持续的增长。随着社会对环境保护和可持续发展的关注日益增强，企业应通过转型来推动绿色发展。具体而言，这包括采用环保的生产工艺、倡导低碳生活方式以及增强企业的社会责任感等举措，以确保企业能够在可持续发展的道路上前行。

在此背景下，企业应当重视技术创新在推动绿色发展中的关键作用。通过研发和引进先进的环保技术，企业不仅能够提高生产效率，还能有效减少资源消耗和废物排放。例如，采用清洁生产技术可以显著降低生产过程中的环境影响，从而实现资源的高效利用。此外，企业还应积极探索循环经济模式，推动产品的设计、生产、使用和回收的全生命周期管理，进一步减少对自然资源的依赖。同时，企业在践行可持续发展理念时，需加强与利益相关者的沟通与合作。通过建立开放的对话渠道，企业能够更好地理解客户、员工、供应商及社区的需求和期望，从而在决策过程中充分考虑其社会和环境影响。这种多方合作不仅有助于提升企业的形象，也能增强其在市场中的竞争力。此外，企业还需加强对员工的可持续发展培训，增强全员的环保意识和责任感。只有当每一位员工都意识到可持续发展的重要性并积极参与其中，企业才能真正实现绿色转型。通过建立激励机制，鼓励员工提出创新的环保建议，并在实践中落实，可以形成全员参与的良好氛围。最后，企业在实施可持续发展战略时，必须注重透明度和公信力。定期发布环境绩效报告，向公众展示企业在可持续发展方面的努力和成就，有助于赢得社会的信任与支持。通过以上措施，企业不仅能够应对当今社会的挑战，更能在激烈的市场竞争中脱颖而出，实现长远的利益与价值。

（四）降低经营成本和风险

企业的转型不仅能够提升效率，还能有效降低运营成本和风险。通过对生产工艺的改进、流程的优化以及人力资源的合理配置，企业能够显著减少生产支出并提高工作效率。此外，扩展新市场和研发新产品的举措也有助于减轻经营风险。这些策略的实施可以帮助企业在竞争激烈的市场环境中保持灵活性与适应性，从而在降低成本的同时，增强整体的市场竞争力。通过这种综合性的转型措施，企业能够实现可持续发展，确保在不断变化的市场中立于不败之地。

在实施转型的过程中，企业还需关注技术创新的重要性。随着科技的迅猛发展，数字化转型已成为企业保持竞争优势的关键因素之一。通过引入先进的信息技术和自动化设备，企业能够在生产和管理过程中实现智能化，从而提高效率和降低错误率。此外，数据分析的应用也为企业提供了更为精准的市场洞察，使其能够及时调整策略，满足客户需求。与此同时，企业文化的重塑也是转型成功的重要保障。鼓励员工参与转型过程，不仅能增强他们的归属感和积极性，还能激发创新思维。通过培训和发展计划，企业能够提升员工的技能水平，使其在新环境中更好地发挥作用。良好的企业文化将促进团队协作，增强员工对企业愿景的认同感，从而推动整体转型进程的顺利进行。此外，企业在转型过程中还应注重可持续发展理念的融入。环保和社会责任已成为现代企业不可忽视的部分。通过采用绿色生产工艺，减少资源消耗和废物排放，企业不仅能降低运营成本，还能提升品牌形象，获得消费者的认可和信赖。因此，企业在转型的每一个环节中，都应考虑其对环境和社会的影响，确保转型的成果能够长久保持。综上所述，企业转型是一个系统工程，需要从多个维度进行综合考量与实施。通过技术创新、文化重塑和可持续发展等多方面的努力，企业能够在新形势下实现更高的效率与竞争力，为未来的发展奠定坚实的基础。

五、技术发展与企业转型的结合

技术发展和企业转型是相辅相成的。企业转型需要技术的支持，而技术的发展也需要企业的应用和推广。技术发展与企业转型的结合是现代商业环境中一个至关重要的议题。随着科技的飞速进步，现代企业不仅需要跟上这些发展的步伐，还需要利用这些技术来推动自身的转型和升级。

二者的结合可以为企业带来以下优势。

（一）创新驱动发展

通过利用现代科技，企业能够在产品、服务和管理领域实现创新，这样不仅能提升自身的竞争力，还能促进企业的可持续发展。先进的技术手段为企业提供了新的思路和工具，使得他们能够在激烈的市场环境中脱颖而出。无论是开发新产品以满足消费者不断变化的需求，还是改进服务流程以提升顾客体验，抑或优化管理体系以提高运营效率，技术的应用都是不可或缺的。这种综合运用技术的方式，不仅帮助企业适应市场变化，也为其长期发展奠定了坚实的基础。因此，企业应积极探索和应用先进技术，以实现全面的创新与进步。

此外，企业在技术应用的过程中，还需要重视数据分析的重要性。通过对市场数据、消费者行为和竞争对手动态的深入分析，企业可以更好地把握市场趋势，从而作出更为精准的决策。这种数据驱动的决策方式，能够有效降低风险，提高投资回报率。同时，企业还应当关注人工智能和大数据技术的结合，利用机器学习算法对数据进行深度挖掘，从中寻找潜在的商业机会和优化方案。在服务创新方面，企业可以通过引入智能客服系统和自动化服务平台，提升客户服务的响应速度和质量。这种智能化的客户服务不仅能够提高顾客满意度，还能够减少人力成本，为企业节省资源。通过不断优化客户体验，企业不仅能够增强客户忠诚度，还能够通过口碑传播吸引新客户。管理创新方面，企业可以借助云计算技术，实现资源的高效配置与灵活调度。云技术的应用使得企业在应对市场变化时具备了更强的灵活性和应变能力，降低了管理成本，提高了运营效率。此外，企业还应当关注组织文化的建设，通过营造创新氛围，鼓励员工提案和参与创新活动，进而激发全员的创造力。总之，现代科技的应用为企业带来了前所未有的机遇，企业只有紧跟时代步伐，灵活运用各种新技术，才能在未来的市场竞争中立于不败之地，实现可持续发展。

（二）降低成本

企业通过采用先进的技术手段，能够有效地降低各项成本，包括生产、运营和管理成本，从而显著提升其盈利能力。这种技术的引入不仅优化了生产流程，还提高了资源的利用效率，使得企业在竞争激烈的市场中占据优势。同时，降低成本的同时也意味着企业能够在价格上更具竞争力，进而吸引更多的客户。长远来看，持续的技术创新将为企业带来更高的利润和可持续发展。因此，抓住新技术的机遇，对于提升企业的整体绩效和市场地位至关重要。

在此基础上，企业还需要注重技术的持续更新与升级，以应对不断变化的市场需求和竞争环境。随着科技的迅速发展，新的技术手段层出不穷，企业如果不能及时跟进，可能会面临被市场淘汰的风险。因此，建立一个灵活的技术引进和更新机制，鼓励内部创新，已成为企业发展的重要策略之一。同时，企业应加强与科研机构、高校的合作，借助外部资源和智力支持，推动技术的创新与应用。此外，企业在引入新技术的过程中，必须重视员工的培训与技能提升。新技术的有效应用依赖于员工的熟练掌握，企业应通过系统的培训计划，提高员工的技术水平和适应能力。这不仅能够提高员工的工作效率，也能够提高其对企业的忠诚度和归属感，进而促进企业文化的建设。最后，企业在技术创新的过程中，还需关注可持续发展与社会责任。技术的引入不仅要考虑经济效益，还要兼顾环境保护和社会效益。通过绿色技术和清洁生产的引入，企业不仅能够降低运营成本，还能够提升品牌形象，增强消费者的信任感。总之，企业在追求技术创新的同时，需综合考虑多方面因素，以实现长期的可持续发展。

（三）拓展市场

技术的发展为企业提供了更多的市场拓展机会，使企业能够开拓新的市场领域。例如，人工智能（AI）等先进技术的出现，使得企业能够将许多烦琐的任务自动化，提高生产效率，降低成本。同时，这些技术还能帮助企业更好地分析市场数据，制定更为精准的营销策略。

此外，随着技术的不断进步，企业在客户关系管理（CRM）方面的能力也得到了显著提升。通过大数据分析，企业可以深入了解客户的需求与偏好，从而实现个性化服务。这种个性化不仅能够提升客户满意度，还能增强客户的忠诚度，进而促进销售额的增长。利用AI技术，企业能够实时监控客户的反馈，快速调整产品和服务，以更好地满足市场需求。与此同时，数字化转型也为企业带来了更灵活的商业模式。例如，基于云计算的解决方案使得企业可以随时随地访问数据和应用程序，极大地提升了工作效率和协作能力。企业可以利用这些技术迅速响应市场变化，抓住机会，甚至开发出新的产品线，满足不断变化的消费者需求。在全球化背景下，技术的发展还为企业提供了跨国经营的便利条件。通过互联网和电子商务平台，企业可以更轻松地进入国际市场，接触到更广泛的客户群体。这种全球化的市场拓展不仅带来了新的收入来源，也使企业能够更好地分散风险，增强市场竞争力。然而，技术的快速变化也对企业提出了新的挑战。企业需要不断投资于技术创新，保持与市场趋势的同步，以避免被竞争对手超越。此外，数据安全和隐私保护问题也愈发重要，企业必须建立健全的信息安全管理体系，确保客户数据的安全，维护企业声誉。综上所述，技术的发展为企业带来了前所未有的机遇与挑战。企业必须灵活应对，充分利用技术优势，推动自身的可持续发展。

（四）影响消费者行为

随着技术的发展，消费者行为也在发生变化。他们更加依赖互联网和移动设备，对产品和服务有着更高的期望。因此，企业需要转型，以更好地满足这些变化的需求。这可能涉及改变商业模式、优化产品或服务、提升客户体验等多个方面。

在这种背景下，企业必须重视数据分析的重要性。通过收集和分析消费者的行为数据，企业可以深入了解客户的需求与偏好，从而进行精准营销。这不仅能提高客户的满意度，还能够增强客户的忠诚度。例如，利用大数据技术，企业可以实时监测消费者的购买行为，进而调整库存和产品推荐，确保在合适的时间向消费者推送他们真正感兴趣的产品。此外，社交媒体的兴起也为企业与消费者之间的互动提供了新的平台。企业可以通过社交媒体与消费者进行直接沟通，获取反馈，及时解决问题，提升客户服务质量。同时，消费者的口碑传播也在社交媒体上迅速扩散，企业需要更积极地管理品牌形象，以应对可能的负面影响。因此，建立有效的社交媒体策略，积极参与在线讨论，能够帮助企业在竞争中脱颖而出。同时，企业在转型过程中应重视创新文化的培养，鼓励员工提出新想法，尝试新方法，能使企业在快速变化的市场环境中保持灵活性和竞争力。通过跨部门的协作，企业可以更快地响应市场变化，推动产品和服务的持续改进。综上所述，面对消费者行为的变化，企业的转型不仅仅是技术的升级，更是思维和文化的革新。只有通过全面的战略调整，企业才能在新时代中找到自己的立足之地，并实现可持续发展。

六、实现技术发展与企业转型的策略

要实现技术发展与企业转型，企业需要采取以下策略。

（一）明确转型目标

企业在进行转型时，首先需要清晰地界定其转型的目标和方向，以保证在转型过程中每一个环节都与企业的发展战略保持一致。在明确了转型的目标之后，企业还需制定相应的战略计划。这一计划应包括几个关键方面：首先，企业要决定引入哪些新技术，以便推动转型进程；其次，企业需要规划这些技术的具体应用方式，以确保其能够为企业带来预期的效益；最后，企业还必须建立有效的评估机制，以客观衡量转型的成果和效果。通过综合考虑这些要素，企业能够更好地实现其转型目标，从而在市场竞争中占据有利地位。这样的战略性规划不仅有助于企业的平稳过渡，还能增强其在未来发展中的可持续性和创新能力。

（二）加强技术研发

企业应当加大对技术研发的资金投入，确保掌握关键核心技术，以保持在技术领域的领先地位。引入和应用新技术往往需要大量的资金支持以及人才的培养，这可能促使企业进行大规模的投资，并在短期内面临一定的风险。此外，随着新技术的不断涌现，行业内的竞争格局也可能会随之发生变化。因此，企业必须做好充分的准备，以应对这些潜在的变化和挑战。这不仅需要对市场趋势的敏锐洞察，还需要制定相应的战略。为了实现这些目标，企业还需加大对研发团队的建设力度，吸引并培养高素质的人才，只有这样才能在激烈的市场竞争中不断创新，保持技术的持续领先。

（三）优化组织结构

为了提升管理效率，企业应当对其组织结构进行优化。这一过程不仅有助于各项工作的顺利开展，还能够确保在转型期间，所有相关事务能够高效、顺畅地进行。通过合理的组织架构调整，企业能够更好地适应市场变化，增强内部协作，从而在转型的各个阶段保持高效运作。因此，优化组织结构是企业实现成功转型的重要基础，是保障各项工作有序进行的关键。

（四）加强合作与交流

企业应当增强与外部组织、其他公司及个人之间的合作与沟通，以协同推进技术进步和企业转型的进程。这种合作不仅能促进资源的有效利用，还能够借助外部的创新能力和专业知识，加速企业在技术领域的突破。同时，通过与外部实体的交流，企业能够获得新的视角和思路，从而更好地应对市场变化和挑战。通过建立紧密的合作关系，企业可以实现共同的目标，推动自身的持续发展。总之，加强与外部伙伴的联系和协作，将为企业的技术革新和转型提供强有力的支持。

第二节　数字经济的蓝海

数字经济描述的是一个经济体系，其中数字技术得到了广泛应用，并由此引发了经济环境和经济活动的根本转变。它也代表了一个信息和经济活动全面数字化的全新社会政治和经济结构。在网络平台上，企业、消费者和政府之间的交易正在迅速增加。数字经济主要涉及那些生产和分销过程高度依赖数字技术的商品和服务。数字经济的商业模式运行良好，因为它为企业和消费者创造了一个双赢的局面。

数字经济不仅是新的经济增长点，也是改造提升传统产业的支点，可以成为构建现代化经济体系的重要引擎。数字经济的发展对管理实践产生了深远的影响，包括竞争策略、组织结构和文化。随着先进网络技术的实际应用，我们对时间和空间的传统观念受到了挑战。企业正在寻求整合与客户、供应商、合作伙伴在数据管理、信息系统、工作流程和业务实践方面的业务，但他们各自拥有不同的标准、协议、传统、需求和激励措施。

一、什么是数字经济

数字经济（Digital Economy），也称智能经济、信息经济，数字经济的定义较为广泛，它包括了所有直接或间接利用数据来引导资源发挥作用，进而促进生产力发展的经济模式。在技术领域，它涉及大数据、云计算、物联网、区块链、人工智能、5G 通信等创新技术。在实际应用方面，新零售、新制造等模式都是其典型的例子。

作为经济学的一个概念，数字经济是指人类通过大数据（即数字化的知识和信息）的识别、选择、过滤、存储和使用，来引导和实现资源的快速优化配置与再生，从而推动经济高质量发展的经济形态。数字经济以数字化知识和信息为核心生产要素，以现代信息网络为载体，将数字技术与实体经济深度融合，推动了企业运营全面革新的经济形态，是促进新质生产力发展的重要推力。

自从人类社会进入信息时代，数字技术的迅猛发展和广泛应用催生了数字经济。与农业时代的农业经济和工业时代的工业经济迥然不同，数字经济代表了一种新的经济动力、新的业态，它引发了社会和经济的全面深刻变革。

目前，数字技术、商品和服务不仅正在向传统产业进行深入的多方向、多层面和多链条的渗透，即产业数字化；同时也在推动数字产业链和产业集群的发展，如互联网数据中心（IDC）的建设与服务，即数字产业化。我国重点发展的5G网络、数据中心、工业互联网等新型基础设施，本质上是围绕科技新产业的数字经济基础设施。数字经济已经成为推动我国经济又好又快增长的新动力，同时它所孕育的各种新业态也将成为我国经济新的关键增长点。

数字经济依靠持续进步的网络基础设施和智能设备等信息工具，以及互联网、云计算、区块链、物联网等信息技术，不断增强人类处理大数据的能力，包括数据的数量、质量和速度，从而推动经济形态从工业经济向信息经济、知识经济、智慧经济的转变。这一过程显著降低了社会交易成本，提升了资源优化配置的效率，增加了产品、企业和产业的附加值，并加速了社会生产力的发展。同时，它也为落后国家提供了技术基础，以实现超越性发展。数字经济是工业4.0或后工业经济的基本特征，是信息经济、知识经济、智慧经济的核心组成部分。正是数字经济提供的历史性机遇，使得我国能够在多个领域实现跨越式发展。

作为继农业经济和工业经济之后的主要经济形态，数字经济以数据资源为关键要素，以现代信息网络为主要载体，以信息通信技术的融合应用和全要素的数字化转型为重要推动力，推动公平与效率更加统一。数字经济发展迅速，影响广泛、深远，正在推动生产方式、生活方式和治理方式的根本性变革，成为重新配置全球资源、重塑全球经济结构、改变全球竞争格局的关键力量。

扩展学习

数字经济旨在突出支撑信息经济的信息技术二进制的数字特征，是一种互联网经济。美国复合技术联盟主席D. 塔帕斯科特在1995年出版的《数字经济——联网智力时代的承诺和风险》一书中写道：信息技术的数字革命，使数字经济成了基于人类智力联网的新经济。1998年4月15日，美国商务部公布了以《浮现中的数字经济》命名的第一份研究报告，着重分析信息这一核心资源对宏观经济和微观经济的决定性作用。而后，这样的研究报告又按年连续出了多本。这些报告均以分析信息产业、电子商务、网络经济等信息经济的发展为内容。数字经济的概念被越来越多的人士所接受。数字经济的发展是同信息技术尤其是互联网技术的广泛应用分不开的，也是同传统经济的逐步数字化、网络化、智能化发展分不开的。

数字经济的普及性描述可以概括为数字产业化和产业数字化的结合。在这个框架下，数字政府、数字社会和数字治理体系的建设构成了数字经济发展的环境，而数字基础设施的建立以及传统物理基础设施的数字化转型，则共同构成了数字经济发展的基础平台。然而，数字经济不应简单地与互联网经济或虚拟经济画等号，因为互联网经济和虚拟经济只是数字经济的一个组成部分。

作为我国经济高质量发展中最具增长潜力的领域，数字经济正加速与其他经济板块的融合，并持续向更广、更深的方向发展。从国内角度来看，数字经济对区域发展产生了显著的扩散效应，东部、中部和西部地区在数字经济发展上存在较大差异。

二、数字经济的优势和发展潜力

党的二十大报告提出，要建设现代化产业体系，坚持把发展经济的着力点放在实体经济上，推进新型工业化，加快建设制造强国、质量强国、航天强国、交通强国、网络强国、数字中国。数字经济被誉为一片广阔的蓝海，主要得益于以下几个方面的优势和发展潜力。

（一）技术驱动的创新

数字经济以大数据、云计算、人工智能、物联网等前沿技术为基础，推动了各个行业的创新与发展。大数据、云计算、人工智能和物联网等先进技术的不断融合，不仅加速了各行业的数字化转型，更在根本上改变了经济运作的方式。这些技术使得数据处理更为高效，信息流通更加顺畅，为经济增长注入了新的活力。

这些技术不仅提高了生产效率，还催生了新的产品、服务和商业模式，为企业创造了巨大的商业价值。例如，购物网站颠覆了传统商业；外卖平台颠覆了传统餐饮；各种打车软件、无人驾驶颠覆了传统出行方式，数字技术的颠覆性力量给我们的生活带来了巨大的变化。

（二）无限的市场潜力

数字经济突破了传统经济的地域和时间限制，使得全球市场变得更加紧密和互联。企业可以通过互联网和移动设备等渠道，轻松触达全球消费者，实现产品的快速传播和销售。

传统的行业界限在数字技术的影响下逐渐消失，各种产业开始相互渗透和融合。例如，制造业与服务业的结合，形成了智能制造、服务型制造等新模式；金融与科技的结合，催生了互联网金融、区块链等新兴业态。这种跨界融合为企业提供了更多的创新空间和市场机会。

（三）个性化的消费需求

在数字经济时代，消费者需求变得更加个性化和多元化。企业可以利用大数据和人工智能等技术，精准分析消费者的需求和行为，提供个性化的产品和服务，满足消费者的多样化需求。

通过互联网和跨境电商平台，企业可以轻松地进入国际市场，拓展业务范围，实现全球化的运营和销售。这不仅提高了企业的竞争力，也为消费者带来了更多选择和更好的体验。

（四）高效的资源配置

数字经济借助数字化和网络化的手段，实现了资源的迅速配置与优化。企业因此能够更加高效地利用人力、物力和财力等各类资源，从而显著提升生产效率和经济效益。通过这种模式，企业在资源管理和运用方面变得更加灵活，能够快速响应市场变化，满足客户需求。这种高效的资源配置不仅促进了企业的可持续发展，也推动了整体经济的增长。在数字经济的背景下，企业能够以更低的成本实现更高的产出，形成了良性循环，进一步激发了创新能力和竞争力。总之，数字经济为资源的有效利用和经济发展带来了新的机遇和挑战。

（五）可持续的发展模式

数字经济利用信息化和数字化技术，促进了绿色、低碳和可持续的发展模式的形成。通过有效减少能源的使用和降低温室气体的排放，数字经济在环境保护和可持续发展方面发挥了重要作用。这种新兴的经济形态不仅优化了资源配置，还推动了社会的转型，助力实现生态文明的目标。数字技术的普及使得企业和个人能够更高效地管理资源，从而降低环境负担。此外，数字经济还鼓励了创新，推动了清洁能源的应用，促进了循环经济的发展。通过这些措施，数字经济为实现人与自然的和谐共生提供了有力支持，展现出其在构建可持续未来方面的巨大潜力。综上所述，数字经济不仅是经济发展的新动力，更是实现可持续性发展的重要路径。

扩展学习

中国数字经济到底走到哪一步了?

“数字经济给中国带来的变化是全方位的，正在重塑中国。”

“因为中国有全产业链的优势，所以中国在各个领域的数字化应用上都是走在世界前列的。”

“‘流量为王’”的时代，互联网流量平台的这种权力边界又在哪里呢?”

数字经济不仅是中国经济的重要组成部分，也是强劲的发展引擎，正是因为这个功能，它也将在更远的将来重构中国经济。

这些年，数字经济在我们生活中已经无处不在：网购、快递、外卖、手机支付、短视频、网络游戏、线上会议……中国成为世界上唯一做到了“一部手机，全部搞定”的国家，数字经济给我们的生活和工作带来了巨大的便利。

同样，数字技术、5G通信、人工智能等驱动的物联网正在赋能越来越多的中国产业，使中国经济日益迈向高质量发展。美国企图通过“科技战”限制中国的高端芯片和芯片制造软件，但结果只是加速了中国的科技进步，特别是数字经济的迅猛发展。中国数字经济有以下一些特点：

首先，中国已经完成了世界最大规模的数字基础设施建设。在祖国辽阔的疆域内，互联网的覆盖几乎是无死角的，村村通公路、通网络，这与西方主要国家出了大城市往往就成了“网络沙漠”形成鲜明对照。这也是为什么中国网络零售、电子商务、移动支付的规模都稳居全球第一。

中国同时也是率先进入5G时代的国家。截至2023年底，我国累计建成5G基站337.7万个，我国5G移动电话用户达8.05亿户。

其次，数字技术创新成就突出。我国已经实现了5G技术、产业、应用的全球领先，北斗卫星导航系统已经覆盖全球并实现规模化应用。在人工智能、芯片研发、云计算、大数据、区块链、量子通信等领域，中国均跻身全球第一梯队。

数字技术正在加速融入国民经济的各个领域。截至2022年8月底，我国的移动物联网的连接数首次超过了移动电话的用户数，成为全球第一个实现了“物超人”的国家。2023年，“5G+工业互联网”加速融合，5G应用已融入71个国民经济大类，“5G+工业互联网”的项目数量已经超过了1万个。人工智能赋能制造业的数字化转型，以机器视觉、数字孪生工厂、工业机器人、智能巡检、智能监测等为代表的智能工厂建设也在迅猛地发展。同时数字技术也赋能政务系统和整个服务业，带来的是从个人到家庭，从企业到产业，从城市到乡村的全方位变革，这一切正在重塑中国并影响整个外部世界。

同时，在今天的中国，数字技术又赋能传统农业和传统工业，使我们的许多传统产业正在日益数字化、智能化、信息化。2023年12月，美国信息技术与创新基金会（ITIF），发布了一个题为《中国战略产业正在飞速发展》的报告，这个报告惊呼截至2020年，在报告所涵盖的10个战略产业中，中国已在7个产业中领先，不只是领先美国，而且是领先西方7国集团的总和。

不管我们喜欢还是不喜欢，国际政治的主题从来都离不开所谓“战略空间”的竞争，特别是这四个领域——“陆地空间”“海洋空间”“天空空间”“外层空间”四重空间的竞争，现在又有了“数字空间”的竞争。美国对我国发动的“科技战”相当程度上就是围绕“数字空间”竞争展开的。与传统的空间竞争相比，“数字空间”这个竞争参与者更加多元，不仅是主权国家，还有公司企业、科研机构、大专院校等等。

此外，除了中美之间的竞争外，欧美之间的竞争也相当激烈。那么从构建人类命运共同体的理想来看，人类最终在“数字空间”领域内也应该走合作共赢之路，但我想和其他空间一样，这种伟大的前景、愿景，恐怕只有通过斗争和竞争才能逐步地得到实现。

在数字空间的竞争中，中国拥有自己独特的优势。我们有集中力量办大事的制度优势；我们有“有为政府+有效市场”的发展模式；我们有全世界最完整的产业链、供应链；我们有世界上数量最多、质量最好的工程师大军和全球领先的优秀科学家的队伍；我们有世界最大的统一的数字用户市场，等等。这一切为中国数字经济的发展提供了最深厚的基础。

其实，早在2023年7月，美国学者大卫·戈德曼就在美国《外交》杂志上发文，认为美国正在输掉对中国的“科技战”。当时华为Mate 60手机的消息还没有对外公布，这位作者就指出，由于产业的空心化，美国产业已经不具备实现数字技术、人工智能等应用所需要的经济规模。他认为中国将数字革命和人工智能主要应用于工业、物流和服务业。相比之下，除了已经在中国开展大规模业务的美国企业（比方说美国一些大型的制造业，他们对第四次工业革命的技术投入相对多一点），多数美国企业没有投入多少用于开发这种数字技术。已经安装5G网络来支持工厂自动化生产的美国企业，主要都是与中国有合资企业的，如通用、福特及约翰迪尔等，他们今天只能被看作是“中国工业的辅助部分”。

他提出美国今天面临的三个选择：第一，与美国盟友通力协作，重建产业链，夺回工业技术领域的主导地位；第二，采用中国的工业技术并成为中国技术的追随者，就像过去中国曾经是西方技术的追随者那样；第三，继续失去工业领域的市场份额，并增加对进口的依赖，走上英国的工业衰落之路。

现在我们看美国国会通过芯片法案，推动半导体生产返回美国，迫使台积电等在美国建厂，我想这些都属于刚才讲的第一种选择，但这个作者指出，这只是推高了芯片制造的成本，使产品失去竞争力。他还认为，除了芯片外，美国还没有开始研究制定更广泛领域的产业政策，更不要说付诸实践了。他承认且感叹：第二种选择——也就是接受和追随中国的技术——正在变成现实。通用、福特等企业都开始这样做了。他认为第三种选择，也就是持续地去工业化，则是美国不应该接受的。所以我觉得作者对美国今天这个态度是“恨铁不成钢”，但他的一声叹息道出了美国产业空心化带来的多重危机。

实际上，最近西方车企纷纷投资中国，也反映了追逐中国技术的大趋势。在燃油车时代，中国以市场换技术，以低劳动力成本助力外企生产硬件，挣辛苦钱。随着中国新能源车换道超车的成功，中国汽车的数字化、智能化、信息化水平均已大幅领先西方的车企。于是一些西方车企开始投资中国，以利用中国的最新技术来助力它们的发展。当然，也有一些西方车企感到完全无法与中国竞争，想放弃新能源车了。

总之，今天数字经济给中国带来的变化是全方位的，这种以“以科技创新引领现代化产业体系建设”的大势正在重塑中国，并开始改变外部世界。

——复旦大学中国研究院院长张维为教授

（东方卫视 2024 年 3 月 11 日播出的《这就是中国》节目中，复旦大学中国研究院院长张维为教授和通信领域专家汪涛先生，围绕中国数字经济展开讨论。引用有改动）

三、数字经济对传统产业和企业的改造升级

在数字经济背景下，传统产业和企业面临着新的机遇和挑战。一方面，他们可以通过应用数字技术提高生产效率和质量，优化业务流程，降低成本；另一方面，他们需要应对新兴数字企业的竞争，改变传统的管理运营模式，以适应市场的变化。

将数字经济技术与传统产业相结合，可以显著提高生产效率和利润。例如，通过大数据分析，企业可以更加精准地了解市场需求和消费者行为，从而优化产品设计和营销策略；通过云计算，企业可以实现数据信息的实时共享和协同办公，提高工作效率。

在当前数字经济环境下，企业不仅要关注技术的引入，更需深刻理解其对组织结构和企业文化的影响。数字化转型并非仅仅是技术层面的更新，而是企业经营理念、管理模式及员工工作方式的全面重塑。企业在实施数字化转型时，应当注重构建以数据为驱动的决策机制，形成基于实时数据分析的反应能力，以适应快速变化的市场需求。与此同时，企业在数字化转型过程中，需考虑到员工的培训和技能提升。随着新技术的引入，传统岗位的职能可能发生变化，企业应通过持续的职业培训和技能提升计划，帮助员工适应新的工作环境。这不仅能够提高员工的工作满意度，还能增强企业的整体竞争力。通过建立学习型组织，鼓励员工在数字技术的应用中不断探索和创新，企业可实现人力资源的最优配置。此外，企业在数字经济中面临的挑战还包括数据安全与隐私保护。随着信息技术的不断发展，数据泄露和网络攻击的风险日益增加。企业必须加强对数据安全的重视，建立完善的信息安全管理体系，确保客户数据的安全和隐私。同时，遵循相关法律法规，增强客户对企业的信任感，从而提升企业的品牌形象和市场竞争力。在产品和服务的创新方面，数字经济为传统企业提供了前所未有的机会。借助互联网和移动技术，企业可以实现产品的个性化定制，满足消费者日益多样化的需求。此外，企业还可以建立线上平台，拓展销售渠道，提升客户体验。通过利用社交媒体、电子商务等数字化工具，企业能够更快速地与消费者互动，获取反馈，从而不断优化产品和服务。值得一提的是，数字经济不仅仅是企业内部转型的驱动力，更是推动整个产业链变革的重要因素。通过数字化手段，企业可以与供应链上下游伙伴实现更高效的协作，降低库存成本，提升供应链的灵活性和响应速度。数字技术的应用使得企业能够实时监控供应链的各个环节，及时调整生产计划，减少资源浪费，提升整体运营效率。

展望未来，随着人工智能、物联网等新兴技术的不断发展，数字经济将进一步渗透到各个行业。企业需要不断关注前沿技术的动态，积极探索与自身业务的结合点，推动技术的研发与应用。同时，政府和行业组织也应发挥引导作用，制定相关政策和标准，以促进数字经济的健康发展。总的来说，数字经济为传统产业带来了前所未有的发展机遇，但同时也提出了新的挑战。企业必须在变革中把握机遇，加快数字化转型步伐，以实现可持续发展。在这个过程中，技术的应用、人才的培养、数据的安全及产业链的协同都将成为影响企业成功与否的关键因素。只有通过全面的战略布局，传统企业才能在数字经济的浪潮中立于不败之地。

第三节　企业数字化转型的根本动力

数字化转型的本质是第四次工业革命，世界经济论坛创始人兼执行主席克劳斯·施瓦布认为，第一次工业革命采用水蒸气为动力，实现了生产机械化；第二次工业革命通过电力实现大规模生产；第三次工业革命利用电子信息技术，实现生产自动化；人们正在迎来的第四次工业革命，主要特征是各项技术的融合，并将日益消除物理世界、数字世界、生物世界之间的界限。

数字化转型的实质在于提升生产力和改变生产关系，而在第四次工业革命中，数据成为核心的生产要素。企业能否有效利用数据，直接关系到其数字化转型的成败。因此，掌握和运用数据的能力，在这一进程中对于企业至关重要。成功的数字化转型不仅依赖于技术的引入，更需要在数据管理和分析方面的深耕，从而推动企业在市场竞争中获得优势。数据的价值在于它能够促进决策的优化和业务流程的改进，因此，企业在转型过程中必须重视数据的收集、分析与应用。通过对数据的深度挖掘，企业能够更好地适应市场变化，实现可持续发展。

一、数字化转型的含义

数字化转型是利用新一代数字技术的深入应用，创建一个全面感知、全面连接、全场景覆盖、全面智能化的数字环境，完成对业务的优化，以及对传统的管理模式、业务流程和商业模式的创新与重塑。数字化转型将是未来经济与社会高质量发展的重要动能，是所有企业管理者的必答题，越来越多的企业将数字化转型列为第一战略。

数字化转型是在数字化转换和数字化升级的基础上，进一步深入企业核心业务，旨在创建新的商业模式的高级别变革。根据高德纳（Gartner）的 IT 词汇表，数字化转换（Digitization）涉及的是信息的数字化，即从模拟形式向数字形式的转变，例如从模拟电视到数字电视、从胶片摄影到数码摄影、从机械打字机到文字处理软件，这些都是将信息以二进制的“0-1”数字化形式进行读写、存储和传输的过程。而数字化升级（Digitalization）则强调流程的数字化，通过应用数字技术改造商业模式，创造新的盈利和价值机会，例如企业资源计划（ERP）系统、客户关系管理（CRM）系统、供应链管理（SCM）系统等，这些都是将工作流程数字化的例子，极大地提高了工作协同效率和资源利用效率，为企业带来了信息化价值。然而，高德纳对数字化转型的定义是开发数字化技术和支持能力，以构建一个充满活力的数字化商业模式。因此，数字化转型超越了单纯的信息数字化或工作流程数字化，它关注于实现业务的数字化，使公司能够在新的数字化商业环境中发展新的业务（商业模式）和新的核心竞争力。

我们可以从以下三个方面理解数字化转型。

（一）数字化转型的最终目标是提高企业的竞争力

应用新技术并不是最终目的，转型的目的是提升产品和服务的市场竞争力，从而使企业获得更大的市场优势。企业通过流程优化降低成本，提高利润率；通过创新的产品和服务在市场中脱颖而出；提供卓越的客户体验，建立长期的客户关系；快速响应市场变化，抓住新机会；通过有效的数字营销提升品牌形象和知名度。

然而，提升市场竞争力的过程并非一帆风顺。企业在应用新技术和实施转型时，必须面对多重挑战。首先，技术的快速发展使得企业需要不断更新其技术基础设施，这不仅需要巨额的资金投入，还需要企业具备相应的人才储备。技术的更新换代可能会在短期内导致生产效率下降，影响企业的正常运营。因此，企业在进行技术转型时，需制定科学合理的实施计划，确保在新旧系统交替过程中，生产不受影响。其次，企业文化的变革同样至关重要。转型不仅是技术层面的变革，更是思维方式和管理理念的转变。许多企业在转型过程中会遭遇内部抵抗，员工对新技术和新流程的不适应可能导致工作效率下降，甚至影响团队士气。因此，企业领导层需积极推动文化变革，营造开放、包容的氛围，以鼓励员工主动参与到转型过程中。同时，企业还应加强对员工的培训，提高他们对新技术的掌握和应用能力，使其能够在转型中发挥积极作用。在客户体验的提升方面，企业应更加注重数据的收集与分析。通过大数据技术，企业可以深入了解客户的需求和偏好，从而提供个性化的产品和服务。企业可以通过建立客户反馈机制，实时获取客户意见并进行调整，以确保产品和服务始终符合市场需求。数字营销策略的实施也是提升品牌形象的重要环节。企业应积极利用社交媒体、搜索引擎优化（SEO）和内容营销等手段，增强品牌的在线影响力。此外，企业可以通过数据分析了解不同营销渠道的效果，优化营销预算的配置，提高营销的投资回报率。在这一过程中，企业还应注意品牌形象的一致性，确保各个渠道的信息传达一致，以增强消费者对品牌的认知和信任。面对市场变化的快速性，企业还应建立灵活的组织结构和决策机制。传统的层级式管理方式可能会导致决策的迟缓，无法及时响应市场需求。相反，扁平化的组织结构能够促进信息的快速流动，提升决策效率，使企业能够迅速调整战略，抓住市场机遇。同时，企业应鼓励跨部门协作，形成合力，以实现资源的高效配置。最后，企业在转型过程中还需保持可持续发展的视角。环境保护和社会责任日益受到重视，消费者对企业的环保和社会责任表现出越来越高的关注。企业在实施转型时，应考虑其对环境的影响，在寻求提升竞争力的同时，兼顾社会责任与环境保护，形成可持续的商业模式。通过建立绿色供应链、降低生产过程中的能耗与排放，企业可以在提升自身竞争力的同时，为社会的可持续发展贡献力量。综上所述，企业应用新技术提高市场竞争力的过程中，既要关注技术的引入与应用，也要重视组织文化、客户体验、数字营销、灵活决策及可持续发展等多方面的综合协调。只有这样，企业才能在激烈的市场竞争中立于不败之地，获得更长远的发展。

（二）数字化转型的本质是业务的转型

数字化转型是一场由新一代信息技术所驱动的深刻变革，涉及业务、管理和商业模式的全面重构。在这一过程中，技术扮演着关键的推动角色，而业务本身则是这一变革的核心所在。这场转型不仅仅是技术的应用，更是企业在运作方式和管理体系上的全面革新，旨在提升效率、创造价值并适应市场的快速变化。通过整合新的信息技术，企业能够更好地应对挑战，实现可持续发展。因此，数字化转型的成功与否，直接关系到企业的未来竞争力与市场地位的提升。在此背景下，企业在进行数字化转型时，首先需要明确自身的战略目标。不同的企业由于行业特性、市场需求和自身资源的不同，所选择的转型路径也会有所差异。例如，制造业企业可能更注重智能制造和物联网的应用，以提高生产效率和降低成本；而服务业企业则可能更倾向于利用大数据和云计算，提升客户体验和服务质量。因此，企业在制定数字化转型战略时，应从自身实际出发，结合行业发展趋势，明确转型的方向和重点。其次，企业在数字化转型过程中，必须重视组织文化的建设。数字化转型不仅仅是技术的引入，更是理念和思维方式的变革。传统的管理模式往往强调层级和控制，而数字化转型需要更加开放和灵活的组织文化，以鼓励创新和快速反应。企业应当通过培训和激励机制，引导员工适应新的工作方式，培养数字化思维，营造一种积极拥抱变革的氛围。此外，企业领导层在这一过程中也应发挥示范作用，以身作则，推动全员参与。在实施数字化转型的过程中，数据的管理和应用是一个重要的环节。企业应当构建完善的数据管理体系，通过数据采集、存储、分析和应用，实现对业务的深度洞察。大数据技术的应用可以帮助企业识别市场趋势和客户需求，从而制定更加精准的市场策略。同时，企业需要重视数据安全和隐私保护，确保在数字化转型过程中不侵犯用户的权益，树立良好的企业形象。此外，企业在数字化转型的过程中，也要关注生态系统的建设。数字化转型并非孤立的过程，企业需要与行业内外的合作伙伴建立良好的关系，共同探索创新的商业模式。例如，企业可以通过与科技公司、初创企业、高校等合作，获取先进的技术和理念，形成资源的共享和优势互补。在此基础上，企业能够形成更为强大的市场竞争力。最后，数字化转型的成功与否还与企业的执行能力密切相关。企业需要建立有效的项目管理机制，确保转型过程中各项工作的有序推进。这包括明确责任、设立里程碑、评估成效等。此外，企业必须保持灵活性，及时根据市场变化和实施效果调整转型策略。数字化转型是一个动态的过程，企业须具备敏锐的市场洞察力和快速反应能力，以应对不断变化的外部环境。综上所述，数字化转型是一项系统性工程，涉及战略、文化、数据、生态和执行等多个方面。企业在推进数字化转型时，不能仅仅依赖技术的引入，更要从整体上进行思考和布局，才能真正实现从“数字化”到“智能化”的飞跃，提升企业在未来竞争中的核心竞争力。通过不断深化对数字化转型的理解与实践，企业将能够在变革中把握机遇，实现可持续发展与长远繁荣。

（三）数字化转型是一个长期的系统工程

在转型的过程中，企业面临着各种各样的挑战，这些挑战包括技术创新、业务模式的改进、组织结构的调整以及企业文化的重塑。此外，还涉及数字化能力的提升和人才的培养。因此，数字化转型并非一蹴而就。通常情况下，大多数企业需要经历 3 到 5 年，甚至更长的时间，才能够看到明显的成效。

然而，企业在数字化转型的过程中必须明确自身的战略目标和实施路径，以确保转型的有效性与可持续性。首先，企业需要建立一个清晰的数字化愿景，这个愿景应当与企业的整体战略相一致，能够指导企业在转型过程中作出明智的决策。其次，企业应当制定详细的数字化转型战略，涵盖技术选型、资源配置、风险管理等多个方面，以确保在转型过程中能够灵活应对变化。在技术创新方面，企业应当关注前沿技术的应用，如人工智能、大数据、云计算等，这些技术不仅能够提升企业的运营效率，还能改善客户体验。通过对数据的深入分析，企业能够更好地理解市场需求，从而调整产品和服务，以满足客户的期望。此外，企业还应当鼓励内部创新，建立创新激励机制，促进员工提出新想法和技术应用，从而推动企业的持续发展。在业务模式的改进上，企业需要探索新的商业模式，以适应快速变化的市场环境。例如，许多传统企业正在通过线上渠道进行产品销售，以拓展市场覆盖面。同时，企业还可以通过订阅制、按需服务等创新模式，提升客户的忠诚度和满意度。通过对业务流程的重构，企业不仅可以提高运营效率，还能够实现资源的最优配置，从而增强竞争力。组织结构的调整同样是数字化转型不可或缺的部分。企业应当根据数字化转型的需求，重新设计组织架构，确保各部门之间的协同合作。建立跨部门的团队，能够促进信息流通与资源共享，提高决策的效率。此外，企业还应当注重培养数字化人才，通过内部培训和外部引进相结合的方式，提升员工的数字化能力，确保他们能够适应新的工作环境和技术要求。企业文化的重塑则是实现数字化转型的关键。企业应当倡导开放、包容和创新的文化氛围，鼓励员工勇于尝试与探索。通过建立良好的沟通机制和反馈渠道，企业能够更好地理解员工的需求与期望，从而增强团队的凝聚力与向心力。同时，企业还应当重视员工的心理健康与职业发展，通过提供职业培训和发展机会，提升员工的归属感与满意度。在数字化转型的过程中，风险管理同样至关重要。企业需要识别潜在的风险，包括技术风险、市场风险以及合规风险等，制定相应的应对策略。定期进行风险评估与监控，能够帮助企业及时发现问题并采取措施，降低转型过程中的不确定性。总之，数字化转型是一个复杂而艰巨的过程，企业需要在战略规划、技术创新、业务模式改进、组织结构调整、企业文化重塑和风险管理等多个方面进行全面把控。只有通过系统性的思考与持续的努力，企业才能够在数字化浪潮中立于不败之地，实现可持续的发展。随着转型的深入，企业还应当不断总结经验教训，灵活调整策略，以应对未来的挑战与机遇。最终，数字化转型不仅是技术的变革，更是企业理念与文化的深刻变革，只有将其视为一个整体，才能确保转型的成功与长远发展。

二、企业数字化转型

2019 年 10 月，中国共产党第十九届中央委员会第四次全体会议审议通过了《中共中央关于坚持和完善中国特色社会主义制度 推进国家治理体系和治理能力现代化若干重大问题的决定》（以下简称《决定》）。《决定》指出：健全劳动、资本、土地、知识、技术、管理、数据等生产要素由市场评价贡献、按贡献决定报酬的机制。这是我国首次将数据作为与劳动、资本、土地、知识、技术、管理并列的生产要素，从制度层面确立了数据作为一种新的生产要素的重要地位。如何促进数据要素有效参与价值创造和分配，成了数据新时代交给我们的重要课题。企业数字化转型迫在眉睫，建立正确认知、掌握有效方法、踏上转型快轨的时刻已经到来。

（一）企业数字化转型的含义

企业数字化转型需要改变企业的业务流程和运营模式，尤其是与之相匹配的企业文化、管理者的责权利、员工的工作习惯等。企业数字化转型的价值是实实在在的。相关研究表明，那些能够积极提升数字化能力，推动企业变革的企业，其利润要高于同行业 26%。

IBM 公司组织的一项针对 5 个行业、1089 名企业家的调查显示，善用大数据与分析的企业在开发客户和市场洞察方面，比一般企业更为优秀；在根据分析结果实现流程和决策自动化方面，它们的水平比一般企业高出两倍之多。

数字化有潜力提升企业的用户体验、优化业务流程、加强运营管理，从而为企业的发展带来一场根本性的变革。然而，实现数字化转型并不是一件容易的事。有些企业虽然渴望进行数字化转型，但对于如何开始、从何处着手却感到困惑；另一些企业则可能因为急于转型，仅凭零散的想法行事，结果不仅未能实现预期的效果，反而增加了成本，带来了新的挑战。这是因为，单纯依靠直觉和热情是不足以驱动复杂的企业数字化转型的。要成功跨越数字化的障碍，实现企业的数字化转型，需要一套完整的框架、一种恰当的方法论，以及一系列能够有效促进变革和转型的具体行动。

（二）对企业数字化转型的建议

企业要做数字化转型，涉及的工作较多：从确立数字化愿景到成立数字化组织，从评估数字化现状到制定数字化转型规划，从建设数字平台到数字化运营，等等。各企业可以参考以下几项建议。

1. 以战略为引领，业务为核心

首先，要解决发展定位和路径选择的问题，识别自身的竞争优势，描绘未来的商业模式，并清晰规划转型的路径。在此基础上，依据业务设想确立数字化转型的宏伟愿景和高层战略。

2. 云筑底座，在线先行

企业向云端迁移是实现数字化转型的重要环节。为了顺利推进数字化转型，必须确保组织能够在线运作，促进沟通、协作和业务活动的在线进行，同时构建一个可持续发展的生态系统。这些要素构成了数字化转型的基础，能够帮助企业更好地适应快速变化的市场环境，提高效率和竞争力。通过云计算技术，企业可以实现更灵活的资源管理和数据共享，从而提升整体运营能力，加速业务创新，推动数字化转型的深入实施。

3. 数据重构，洞见赋能

企业应积极推动“数据重构”策略，建立一套高效的数据管理体系，以将数据转变为真正的财富。通过这一行动，企业能够优化数据的使用和管理，提升数据的价值。有效的数据管理框架不仅能帮助企业更好地获取和分析信息，还能促进决策的科学化和效率的提升。最终，企业将能够充分挖掘数据的潜力，从而实现可持续发展和竞争优势。因此，实施数据重构是企业在数字化时代获得成功的关键步骤。通过整合、分析和利用数据，企业能够形成独特的价值创造能力，推动业务创新和增长。

4. 体验为先，全链路驱动

企业应该全面推行以“客户需求为中心”的体验文化。这种文化强调在所有业务决策和服务提供过程中，客户的需求与期望应当被置于首位。无论是产品设计、服务质量还是客户沟通，企业都应确保一切环节都围绕着客户的体验展开。构建以客户为导向的企业文化，不仅能提升市场竞争力，还能为企业的可持续发展奠定坚实的基础。因此，企业必须重视并实践这一理念，使其成为日常运营的一部分，以实现更高的客户价值和企业效益。

5. 智能运营，规模发展

企业应持续推进工作流程的自动化，同时利用高质量的多样化信息，实现工作流程的闭环管理与动态优化。这意味着，通过引入先进的自动化技术和丰富的信息资源，企业能够更有效地监控和调整其运营流程，从而提高效率、降低成本，并及时应对市场变化。自动化与信息化的结合将使企业在管理上更加灵活和高效，使其能够在竞争激烈的环境中保持优势。因此，企业在追求高效运营的过程中，必须重视自动化系统的建设与信息资源的整合，以确保流程的高效性与适应性。

6. 生态合作，跨界运营

企业通过引入生态合作伙伴，可以创建灵活多变的商业模式，从而突破人才的限制和组织的边界，充分整合各方资源。这种合作不仅有助于提升企业的创新能力，还能增强其市场竞争力。通过与不同领域的合作伙伴协作，企业能够更有效地应对市场变化，优化资源配置，实现共赢。同时，建立这样开放的合作关系，使得各方能够共享信息和经验，促进知识的交流与发展，进一步推动业务的扩展与提升。综上所述，吸纳生态合作伙伴是企业灵活应对市场挑战的重要策略，有助于构建更加高效的运营体系和实现可持续发展。

7. 多元价值，多方面发展

企业不仅需创造经济收益，还需考虑多元目标，将各方利益相关者的幸福纳入价值考量，在数据管理、社会权益、气候变化应对等多个社会责任领域构建全方位的持久优势。

数智化时代，转型是风口，转得快、转得好，就能拥有一个全新的未来。

三、企业数字化转型的根本动力

企业数字化转型的根本动力来自多个方面的推动和影响，大致可以归纳为以下几个方面。

（一）市场变化和客户需求的变化

随着市场的不断变化和消费者需求的升级，企业需要不断创新和改进，以满足客户的需求并保持竞争优势。数字化转型可以帮助企业更好地了解市场和客户需求，通过数据分析和预测来优化产品和服务，提高客户满意度和忠诚度。

（二）技术发展和创新

数字技术的不断发展和创新为企业数字化转型提供了强大的支持和动力。云计算、大数据、人工智能等技术的应用可以帮助企业实现业务流程的自动化、智能化和高效化，提高生产力和效率。

（三）成本压力和盈利需求

数字化转型可以帮助企业降低成本、提高效率，从而增加盈利。例如，通过数字化技术实现生产过程的自动化和智能化，可以减少人力成本和提高生产效率；通过数字化营销和销售渠道，可以降低营销成本和拓展市场。

（四）竞争格局和行业趋势

随着数字化转型的深入，越来越多的企业顺势而为，纷纷开始加入数字化转型的行列。企业如果不及时进行数字化转型，可能会面临竞争对手的超越和市场被侵蚀的风险。同时，整个行业的数字化趋势也会推动企业进行数字化转型，以适应行业的发展和变化。

综上所述，企业数字化转型的根本动力来自市场、技术、成本、竞争等多个方面的推动和影响。企业需要不断关注这些变化，制定合理的数字化转型策略和计划，以适应数字化时代的挑战和机遇。

第二章 企业数字化转型的模式与规划

数字化转型是在数字化时代下的企业转型，是一个将数字化技术作为新的生产力、数据作为新的生产要素的生产关系升级的过程，企业通过转型从信息化阶段进入数据驱动的数字化阶段。纵观全球，苹果、微软、脸书（Facebook）、亚马逊、奈飞（Netflix）、字节跳动等领先企业，都依赖数据实现基于事实的预测及决策，帮助企业组织下的各个部门取得更好的业绩。此外，还有更多的企业正在考虑或已经走在数字化转型的路上。

埃森哲自 2018 年开展中国企业数字化转型指数研究，其发布的 2023 年中国企业数字化转型指数显示，只有 2%的中国企业正在进行全面、持续的数字化转型，以推动长期、可持续的增长。

中国企业数字化转型指数反映了跨行业研究，评估了中国各地企业的数字化成熟度。指数分析了企业重塑的五项关键能力，包括开创竞争新前沿、全局性拉通、打造数字核心、融入可持续、释放人才力量，这是推动业务重塑的关键。

研究表明，只有 22%的企业正在对其组织的各个部分进行转型，只有 28%的企业认识到数字化转型是一个持续的过程。企业在构建重塑所需的关键能力方面落后。中国企业在优化运营方面得分为 58 分（百分制），在构建数字核心方面得分为 39 分，这可能会阻碍它们利用生成式人工智能等技术。

46%的受访者表示，他们将增加对人工智能和自动化的未来投资。但是，很多传统企业仍然对数字化转型的本质、数据与数字化转型的关系等关键问题缺乏深刻的理解。本章我们将介绍企业数字化转型的模式与规划，让读者更好地理解和接受数字化转型。

第一节 企业数字化转型认知

企业数字化转型是指传统企业通过信息技术，特别是最新的互联网技术，改造和提升其商业模式、产品及服务、组织结构和企业文化等方面，以适应数字经济时代的需求。

一、数字经济时代的企业转型

数字经济时代，传统业务与数字技术的融合是大势所趋。为了能够跟上时代发展的步伐，许多企业都走上了数字化转型的道路。但是，企业的数字化转型并非顺风顺水。无论是传统制造型企业，还是服务型企业，它们都经历了一个与实际经营情况不断磨合的数字化转型过程。关于企业数字化转型过程的曲折与艰辛，国内某连锁超市的转型过程具有一定的代表性。

案例介绍

国内某连锁超市近年来遭遇了转型困境。该超市是以售卖生鲜为主的连锁超市，在2016年之前，该超市采取的是传统线下经营策略，超市货物的供应、包装和销售都需要大量的人力、物力。伴随着新零售概念的提出，该超市开始积极布局线上渠道。

该超市旗下的某云创科技有限公司（以下简称“某云创科技”），通过打通线下门店和线上App、小程序等多场景渠道，以生鲜食品为核心商品开展经营活动。

然而，被寄予厚望的某云创科技并没有风光多长时间。随着线上零售的兴起，不少巨头纷纷布局生鲜电商，通过低价策略不断给对手施压，同时“鲸吞蚕食”地瓜分线下传统超市的流量和市场份额。某云创科技并没有因为布局了新赛道而立即获利。恰恰相反，行业“价格战”导致其处于不断亏损的状态。

有数据显示，2016—2018年，某云创科技一直亏损，三年累计亏损超过13亿元。迫不得已，该超市壮士断腕，放弃了对某云创科技的高额投入，开始了对线下小型社区门店模式的探索，试图与生鲜电商一较高下。

令人惋惜的是，小型社区门店模式并没有帮助该超市夺回不断被生鲜电商抢占的市场份额。新冠疫情又进一步使该超市的线下门店业务举步维艰。该超市在福州、上海、广州、北京等地的大型超市和小型社区门店不断关门，业绩出现巨大亏损，市值也不断缩水。

与此同时，零售企业的数字化转型在不断提速。作为零售企业的代表，传统连锁超市在新时期不仅要面对线上消费渠道的巨大冲击，还要研究消费者的消费习惯变化，为消费者创造更加良好的购物体验，从而提高超市线下门店的经营效率。

在数字化经营趋势和现实困境的倒逼下，该超市积极谋求转型。2021年，该超市开始加速布局全渠道数字化业务。该超市投入7.4亿元，通过数字化手段，在坪效、人效、品效三个方面实现了30%的效率提升。尤其是在人效方面，该超市投入人力、财力、物力，采用店仓融合、智能采购、交易履约等手段，用数字化技术实现降本增效。

该超市还启用了企业自研的全链路零售数字化系统——YHDOS，该系统是一个平台化管理的企业数字化工具。作为该超市数字化转型的重点项目，该系统能够从用工、订货、会员管理、履约等层面，探索企业数字化规范建设的可行性，并在实践中帮助企业实现流程信息化、分析可视化、全面智能化等各项目标，使该超市的全渠道数字化改革逐步落地。

通过该系统，该超市完成了门店考勤线上管理、定编排班、用工数据实时可视的人效提升计划，并在数字化用工、智能订货、库存精细化管理等方面取得突破，大幅提升了企业组织内部的工作效率。

从业绩表现来看，该超市的数字化转型也算颇有成效。2021年，该超市的营业收入为911亿元，其中，线上销售收入为131亿元，同比增长25.6%。

当然，我们也要看到该超市在数字化转型过程中的不足。受市场竞争的影响，该超市需要不断调整线上线下的销售结构，降低库存，并保住现有市场份额。线下零售的巨大压力和线上平台的亏损，都是该超市在数字化转型过程中面临的挑战。

纵观该超市的数字化转型过程，我们可以清楚地看到：在转型前，该超市以传统线下门店业务为主。转型后，该超市的业务呈现线上线下相结合、多点开花的态势，这正是数字经济时代数字化企业的特征。企业App、线下门店、自有品牌分别对应电商、实体零售、新消费品牌赛道。该超市还研发了企业平台化管理系统，实现了组织架构的数字化。全渠道的数字化转型，为该超市的经营带来了新的可能性，也带来了新的生机。

事实上，在新时期，不仅仅是以零售企业为代表的服务型企业在谋求数字化转型，传统制造型企业也在积极转变自身的经营方式。

案例介绍

“某汽大通”是我国知名的汽车制造企业，其通过业务模式创新和商业模式创新，并凭借全球首创的C2B（Customer to Business）智能制造模式，成为推动行业变革的先行者之一。该汽车制造企业通过在线云服务平台，为C端客户提供全天候的在线定制服务。在该汽车制造企业的线上定制平台上，有上万种个性化方案可供客户选择。在客户确认车型之后，“某汽大通”承诺将在28天之内交付专属座驾。

为了在短时间内为不同需求的客户交付个性化的车辆成品，“某汽大通”立足现有的制造体系，打造了一个智能定制的制造平台，以客户需求为中心升级汽车制造生产线，使生产出来的产品既能满足客户需要，又能保证质量。

在其他方面，“某汽大通”也实现了数字化转型。其通过建设数字平台，打造了一条全数字化的业务链，通过C2B智能制造模式，满足客户的多场景定制需求，从而在更加注重个性化的时代，为企业插上了腾飞的翅膀。

在数字经济时代，企业数字化转型是经济社会发展的必然趋势。由于地区、行业、认知水平等方面的差异，不同群体对企业数字化转型的理解不尽相同。总体而言，企业数字化转型是指企业利用云计算、大数据、物联网、人工智能、区块链等新一代信息技术，激发企业内部的创新潜力，推动企业业务特别是核心业务的转型升级，进而变革企业商业模式或创造一种新的企业商业模式的行为。

企业作为数字经济的主体，要从业务、用户、企业组织架构等方面进行数字化转型，打造数字生态，进而提高企业的经营效率。

二、企业数字化转型的内驱

企业数字化转型是一个综合性的过程，涉及企业的业务、管理和运营等各个方面。这个过程的本质是利用数字技术，如大数据、云计算、人工智能等，来改造和提升企业的传统业务模式，使其更加高效、准确和智能。数字化转型不仅可以提高企业的效率和生产力，还可以拓展市场和客户群体，优化决策和管理，创新产品和服务，并增强企业的安全和可靠性。

具体来说，企业数字化转型主要包括业务数字化、管理数字化和运营数字化三个方面。

（一）业务数字化

业务数字化是指利用数字技术和数据来驱动业务的创新，如通过在线化、移动化、电商化等方式实现业务的数字化。通过业务数字化，企业可以应用科技手段（主要是信息技术）将传统的业务过程和操作转化为数字化的方式进行管理和实施。

（二）管理数字化

管理数字化则是指通过数字化技术来优化企业的内部管理流程，实现流程的信息化和自动化。

数字化管理是一种基于现代信息技术的管理方式，它通过对企业进行数字化改造，提高企业的运营效率、降低成本、提升竞争力。数字化管理包括很多方面，例如数字化营销、数字化生产、数字化采购等。

（三）运营数字化

运营数字化则是指通过数字化技术来提高企业的营销获客能力和客户运营能力，如通过数据分析和预测来实现精准营销，以及通过数字化手段提升客户体验等。

通过运营数字化，企业不仅能够优化资源配置，还能够在激烈的市场竞争中保持领先地位。企业可以利用机器学习等先进技术，对收集到的数据进行深度分析，以识别潜在的市场机会和客户需求。例如，通过对客户购买行为的预测分析，企业能够提前掌握市场动态，制定相应的市场策略，从而提升市场响应速度和客户满意度。同时，数据分析还可以帮助企业识别出高价值客户，从而进行定向营销，提高客户的终身价值。在客户运营方面，数字化工具和平台的应用也显得尤为重要。企业可以通过建立客户关系管理（CRM）系统，将客户的历史交易记录、偏好和反馈整合在一起，从而实现个性化的客户服务。通过智能化的推荐系统，企业能够为客户提供量身定制的产品和服务，增强客户黏性。此外，利用社交媒体和移动应用等数字化渠道，企业可以与客户保持更为紧密的互动，及时响应客户需求，从而提升整体客户体验。然而，运营数字化的成功实施并不仅仅依赖于技术的应用，还需要企业文化的转变。企业应鼓励员工积极参与数字化转型，提升员工的数字技能和数据素养，形成全员参与的数字化思维。同时，企业管理层应制定清晰的数字化战略和目标，以引导全体员工朝着共同的目标努力。在实施过程中，企业还应注意数据隐私和安全问题。随着数据收集的增加，客户对隐私保护的关注也日益上升。企业必须采取有效措施，确保客户数据的安全性和隐私性，包括建立严格的数据访问权限、数据加密和匿名化处理等手段，以增强客户的信任感。最后，运营数字化是一个动态的过程，企业需要定期评估数字化转型的效果，并根据市场变化和技术发展进行及时调整。这不仅包括对数字化工具和平台的不断升级，也包括对市场策略和客户运营模式的持续优化。通过不断迭代和改进，企业将能够在数字化浪潮中立于不败之地，实现可持续发展。综上所述，运营数字化不仅是提升企业竞争力的必然选择，更是实现客户价值最大化的重要途径。通过有效的数据管理、深入的数据分析、个性化的客户服务、员工的积极参与以及对数据安全的高度重视，企业能够在数字经济时代中把握机遇，迎接挑战，推动自身的全面发展。

案例分析

提升环境运营数字化管理水平
霖久科技、美中环境与太的科技签署战略合作

2024 年 3 月 7 日，永升服务旗下霖久科技、美中环境与太的科技举行战略合作签约仪式。三方将基于 TideCloud 环卫大模型平台，在环卫运营实时管控、运营分析、数据研判、调度规划等应用场景开展深入合作，共同推动环卫智慧大模型应用的落地。

永升服务首席数据官、霖久科技总经理李川、美中环境总经理吕仁华、太的科技 CEO 薛英飞签署战略合作协议。

根据战略合作协议，三方将在以下领域展开深度合作：第一，智慧环卫系统的全面升级。三方共同开发并推广智慧环卫系统，共建智慧环卫大模型，通过城市环卫真实数据不断优化迭代，提升环卫工作的精确度与响应速度。第二，技术研发与创新的深度合作。整合三方优势资源，共同开展智慧环卫及外延业务技术研发，推动技术突破。第三，市场发展的携手前行。合作拓展，共同开拓更广泛的城市综合管理服务及智慧环卫服务市场。

智慧环卫的价值不仅体现在提升工作效率与精细度，减轻管理成本，其意义更在于通过风险预判，早防范、早规避，提升项目安全隐患预警能力，助力智慧安全城市的建设、提升居民幸福感。此次，霖久科技、美中环境携手太的科技，以湖南省长沙市望城区智慧环卫项目等项目为合作起点，在机

械保洁作业管理及智能油耗管理方面已收获了作业提效、精细运营、智慧管理、节能环保等多方面的成效。

数字化浪潮正掀起环卫行业的革新风暴。霖久科技作为永升服务旗下智慧城市服务品牌，目前已有千余数字化管理运营服务项目案例，在技术端的实力频获认可：通过广东省高新技术企业认定；拥有信息系统集成服务企业一级资质、获得国家32项技术发明专利，201项计算机软件著作权等。

美中环境作为永升服务旗下城市服务专业品牌，2019年获得国家高新技术企业认定，拥有中国清洁清洗行业、园林绿化服务企业等五个“国家一级”服务资质，市政环境清洁维护企业、水域（河道）清洁治理服务企业、有害生物防治服务等多个“甲级服务资质”。全国累计运营项目160余个，在城乡环卫一体化、智慧环卫和环卫PPP等方面有丰富的运营管理经验。

太的科技是国内领先的、集完全自研“物联数据库+AI”于一体的一站式物联网解决方案服务商，拥有环卫行业技术领先的数据模型计算平台，全方位服务环服公司及产业上下游企业，依托大数据、人工智能等技术，持续提升管理决策效率和降低运营成本。

（来源：观点网2024年3月12日）

第二节　企业数字化转型的模式

企业数字化转型是时代发展的必然趋势。数字经济下企业原有的经营管理模式已经不能满足时代发展的需求，全面落实数字化经营管理模式可以加快企业发展的脚步。如今，越来越多的企业逐渐认识到数字化转型的必要性，纷纷探索相应的路径，实现企业的顺利转型。

一、影响企业数字化转型的内外因素

一是现阶段世界宏观经济发展缓慢，贸易保护主义有所增强，我国经济

发展面临的外部压力也越来越大，二是西方一些国家会借助不断创新和升级的新技术抢占我国市场和客户群体，导致我国企业面临的市场竞争更加严峻。在数字化时代下，我国企业若要赢得更多的客户，就需要创新原有的管理模式，全面落实数字化经营管理模式，充分发挥数字化技术的积极作用，创新企业发展的途径。

二、企业数字化转型的模式

企业数字化转型的模式主要可以分为以下几种。

（一）产品和服务的数字化转型

这种模式下，企业以数字化的方式交付产品和服务，或者产品和服务本身就是数字化的或包含数字化特性。例如，音乐产业从传统的唱片和 CD 转向数字化音乐下载和在线音乐播放。

扩展学习

美的集团：数字服务化转型三个阶段

美的集团的转型历程可以分为三个阶段：

一、产品导向阶段（1981—2008 年）

在这一阶段，美的集团以产品为核心，迅速崛起，通过实施“总成本领先”战略，扩大生产规模，实现规模效应，降低成本，提高毛利率。同时，美的通过“一横一纵”发展模式，横向拓展产品线，纵向延伸产业链，收购其他企业，打造多品类家电产品群。这一阶段，美的主要依赖传统制造业，没有涉足服务业。

二、服务化转型萌芽阶段（2008—2013 年）

2008 年全球金融危机后，美的开始探索服务化转型，尝试在产品中附加服务，如“产品+服务”，包括免费服务和增值服务。美的集团整合技术资源，建立专业化售后维修和产品维护团队，提供增值服务，如定期检修和改造升级服务。这一阶段，美的的服务化程度相对较低，但为后续转型积累了经验。

三、服务化转型探索阶段（2013 年至今）

在互联网经济的冲击下，美的集团开始主动探索服务化转型，创新业务模式，新增了多项不同行业的服务业务，如咨询服务业、商务服务业、信息技术业、房地产业等。这一阶段，美的的服务化程度不断提高，实现了收入多元化，拓展了利润空间。

从产品导向到服务化转型，美的集团经历了三个阶段。产品导向阶段为服务化转型奠定了基础；服务化萌芽阶段验证了服务化转型的可行性；服务化探索阶段使服务化程度不断提高，实现了收入多元化。未来，美的集团将继续朝着智能化、科技化、服务化的方向发展，预计将成为一家完全意义上的服务型企业。

（二）运营的数字化转型

在这种模式下，企业的整体业务过程从物理现实转换到数字空间，实现实时线上化、数据智能化。随着数字技术的不断进步，企业的数字化转型已成为一种必然趋势。这不仅体现在产品和服务的交付方式上，也逐渐影响到企业的运营模式、商业策略以及客户关系管理等多个方面。数字化使企业能够更高效地管理资源，优化供应链，提高生产力，并通过数据分析获取深刻的市场洞察。这种转型为企业提供了新的竞争优势，同时也提出了更高的要求，尤其是在技术能力和创新能力方面。例如，制造业的“数字化孪生”，即物理实体对象被数字化，利用数字化界面实现人与企业数字空间的交互。

扩展学习

有文献称：华为 Telco OS 将成运营商数字化转型关键。Telco OS 是运营商面向未来的数字化运营平台，它超越了传统软硬件产品的范畴，根据不同用户的需求，提供定制化的功能和服务。随着互联网和数字技术的飞速进步，ROADS 体验模型（实时、按需、在线、自助、社交）已成为用户体验和需求的新标准，为运营商带来了广阔的市场机遇。运营商正寻求把握 ROADS 体验带来的新机遇，并有效推进其数字化战略转型。然而，在这一转变过程中，运营商面临的最大挑战是运营系统的升级转型。作为全球领先的电信设备供应商，华为有责任为全球运营商提供清晰的发展路径。

（三）商业模式的数字化转型

在这种模式下，数字化技术重塑了行业的价值链和价值网络，进而改变了原有的收入和利润模式。例如，IT 企业服务行业全面向云服务转型，这重构了该行业传统的硬件、软件和服务价值链。

与此同时，云服务的兴起也促使企业更加注重数据的收集与分析，推动了大数据和人工智能等技术的发展。这些技术不仅提升了企业的运营效率，还帮助企业更好地了解客户需求，从而实现精准营销和个性化服务。这种转变使得企业在获取客户价值方面具有了更强的竞争优势。随着数字化技术的不断进步，企业之间的竞争也逐渐从产品和服务的竞争转向了数据和平台的竞争。那些能够有效整合数据资源、提高数据利用效率的企业，将在市场中占据更有利的位置。因此，数据已经成为企业的核心资产，如何管理和保护这些数据，如何通过数据驱动决策，成为企业必须面对的重大挑战。此外，数字化技术的应用还促进了跨行业的合作与创新。传统行业与技术公司之间的界限逐渐模糊，许多企业开始寻求与科技公司的合作，以便借助其技术优势来提升自身的竞争力。比如，金融行业与科技公司的合作，催生了金融科技（FinTech）的蓬勃发展，改变了传统金融服务的提供方式，使得金融服务更加便捷与智能化。在这样的背景下，企业需要重新审视其商业模式和战略定位。传统的商业模式往往依赖于固定的产品和服务，而在数字化转型的过程中，企业需要更加灵活地应对市场变化，适时调整自己的产品和服务，以适应客户的需求。这种灵活性不仅体现在产品开发上，也体现在供应链管理、客户关系管理等多个方面。与此同时，数字化转型过程中，企业面临的安全风险和合规挑战也日益突显。随着数据的广泛应用，数据泄露、滥用和误用的风险增加，企业必须加强数据安全与隐私保护，以赢得客户的信任。此外，合规问题也成为企业在开展数字化业务时必须考虑的重要因素，尤其是在涉及跨国业务时，各国的法律法规差异可能会对企业的运营产生重大影响。为了应对这些挑战，企业需要建立适应数字化时代的组织架构与文化。企业应该鼓励创新，培养员工的数字化技能，以提升整体的数字化素养。同时，建立跨部门的协作机制，促进信息共享与合作，才能更好地应对快速变化的市场环境。数字化转型不仅是技术的升级，更是企业文化和管理理念的全面变革。最后，数字化转型的成功与否，不仅取决于技术的应用，更依赖于企业的战略思维与执行力。在这个过程中，企业需要不断进行自我评估与反思，及时调整策略，以适应不断变化的市场需求。未来的竞争将是一个动态的过程，只有具备前瞻性和灵活性的企业，才能在数字化浪潮中立于不败之地。因此，企业在进行数字化转型时，必须将战略规划与执行落到实处，从而实现可持续发展。

案例分析

亚马逊公司通过云计算、大数据和物联网等数字化技术来推动商业模式的转变。

它的价值主张是提供广泛的商品选择、良好的客户体验和快速的送货服务。

在客户关系和渠道两个模块中，亚马逊借助数字技术创新了多种互动方式和销售渠道，例如通过智能手机应用程序、社交媒体和在线购物平台。

亚马逊的数字化商业模式在经典商业模式九个模块上也体现出新特征和新属性。

例如，在价值主张模块中，亚马逊通过广泛的商品选择、良好的客户体验和快速的送货服务，实现了定制化的商品和服务；在产品和服务模块中，亚马逊发展了一系列云计算和物联网服务，用于数据存储、计算和分析等方面。

（四）增强式转型

在保持现有业务稳定的基础上，利用数字技术拓展新的业务领域，增加企业的收入来源。增强式转型对全场景采取齐头并进式的数字化升级。这种转型通常由中层管理者和数字化专家共同推动，变革过程更加系统化。如果推动得当，这种转型能够更快地展现数字化的巨大价值。许多企业倾向于采用这种转型策略，期望变革能够全面且迅速地完成。这自然是好的，但是企业需要对自身特点有深刻的理解，才能制定出切实可行的转型方案。针对不同的市场需求和技术趋势，企业应灵活调整策略，积极探索新兴领域。同时，重视员工的培训与文化建设，确保全员参与数字化转型，从而实现可持续发展。通过这种方式，企业不仅能提升竞争力，还能在未来的商业环境中占据有利地位。

（五）精益式转型

精益式转型是目前数字化转型中企业广泛采取的一种策略。这种策略适用于那些行业环境相对稳定，短期内不需要进行重大战略和商业模式调整的企业。企业根据自身战略需求，从产品与服务、生产流程、管理方法或商业模式等关键领域，识别出关键且迫切需要数字化转型的场景，进而更有效地推动战略目标的实现，并增强企业的战略竞争力。这些模式并不是相互排斥的，企业可以根据自身的实际情况和需要，灵活选择和应用这些模式，实现数字化转型的目标。

三、企业数字化转型升级的五个层次

企业数字化转型升级的五个层次，如图 2-1 所示，它们构成了一个逐步深入的层级结构：1. 对商业基础设施进行数字化和智能化升级；2. 通过业务流程再造实现优化；3. 对接外部渠道的数字化和智能化；4. 通过提升客户体验实现转型；5. 上升到企业数字化 DNA 和文化建设的层面。

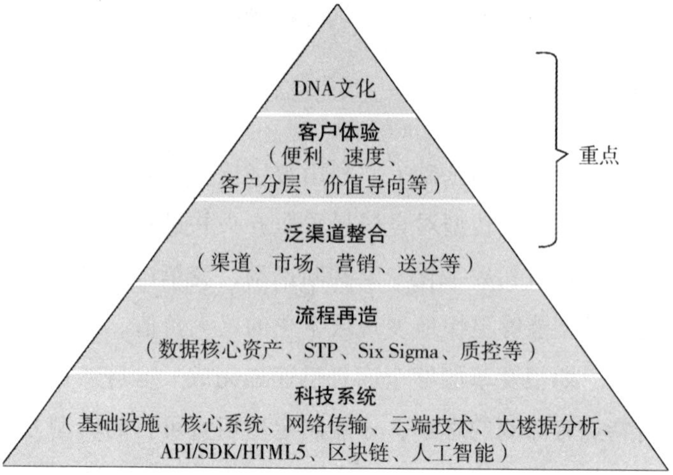

图 2-1　企业数字化转型升级的层次模型

公司数字化的文化，包括领导层组织架构设计，考核指标，人员配备等，与传统企业固有体系不一样的是：数字化企业更注重领导层对战略的支持和坚持、试错机制、以客户为导向、决策效率、市场响应速度等，因此在相关的机制架构保障上需要优先规划统筹。

数字化转型以客户体验为核心竞争力，传统企业所竞争的产品、价格、渠道都已经同质化，而在数字化时代，客户体验将会成为核心，这也为很多中小企业以及前期落后者给予了弯道超车的机遇，客户体验将涵盖客户的数字化旅程，包括产品质量，购买咨询，增值服务差异化，关系定价等各个环节，而企业需要在各个环节尽量做到无缝连接和体验至上。

企业需要做好泛渠道整合。数字化并不意味着线下渠道的消失，而是将线下渠道逐步转型成体验中心，与线上渠道相辅相成。

要做好业务流程再造，数据将成为数字企业的核心资产，如何将数据运用于流程中各个环节，替代掉原有的纸质材料以及人工干预以提升流程效率和客户体验将会是流程再造的核心思考点。传统企业的流程思维是以控制为核心，而数字化流程是以客户体验为核心，尽量借助于基础的科技手段如大数据、人工智能、区块链等来实现。

结合以上的设计和规划，科技将会引入相应的系统架构，提供给数字化企业的技术支撑在科技基础层级，尽量做到核心系统的分布式、多线程，而在中间层，科技尽量实现模块化、参数化、实时性等，到了应用层，科技应该做到开放性、可对接性等，便于将企业的产品服务嵌入线上线下不同生态场景中。

第三节　企业数字化转型的路径和规划

企业需要正确看待数字化转型，认识到它不仅是技术的变革，更是业务和战略的变革。

一、企业数字化转型规划的分类及构成

（一）数字化转型规划的分类

从不同的角度，有不同的划分方法。

1. 按照规划单位的分类

企业数字化转型规划可以分为针对大型企业的规划、针对中小企业的规划等。

2. 按照行业的分类

企业数字化转型规划可以细分为针对制造业、医疗行业、能源企业等特定行业的规划。

3. 按照时间周期的分类

企业数字化转型规划可以划分为短期规划（一年期）、中期规划（两年期、三年期、四年期）、长期规划（五年期及以上）等。

4. 按照规划层次的分类

企业数字化转型规划可以分为执行层面的规划（实施性规划）和战略层

面的规划。实施性规划兼具战略规划的宏观性和实际操作的微观性，既具备战略规划的高度指导性，又具有具体操作的实施性，因此成为多数企业规划的首选。

（二）数字化转型规划的构成

以实施性规划为例，企业数字化转型规划通常由三个主要部分组成。

1. 调研报告与规划思路

这部分包括以下内容：

（1）规划定位：结合企业整体战略和顶层规划进行定位。

（2）目标与思路：设定转型目标并阐述实现这些目标的策略。

（3）需求调研汇总：收集和分析企业内外部对转型的需求。

（4）初步规划方案：提出转型初期的大致框架。

（5）保障措施分析：评估实施转型所需的资源和支持。

（6）下一步工作部署：规划实施转型的具体步骤和时间表。

2. 数字化转型规划编制

这部分内容涉及以下几方面，可根据实际情况调整：

（1）概述：对规划的整体介绍。

（2）现状与需求分析：评估当前状态和转型需求。

（3）规划模型：构建转型的理论框架。

（4）思路与原则：制定转型策略和指导原则。

（5）规划方案：包括转型投资的详细规划。

（6）保障措施：确保规划顺利实施的措施。

（9）远景展望：对转型完成后企业未来发展的预测。

3. 相关附表与附图

这部分提供补充信息，包括以下内容：

重点项目一览表：列出转型过程中的关键项目。

投资估算一览表：估算转型所需的投资总额。

实施路线一张图：展示转型实施的时间线和关键节点。

顶层规划总体架构图：描绘企业转型后的整体架构。

（三）企业数字化转型规划的方法

1. 企业数字化规划流程

数字化转型规划的编制流程涉及多个阶段，包括基础设施和资源评估、规划调研、内外部沟通、征求意见、评审等环节。在整个流程中，规划编制是核心，它贯穿于各个阶段，并具体体现在每个阶段的项目实施过程，以及每个主要事项的事前准备和事后总结。在这些阶段和事项中，会有一系列相应的配合或辅助工作同步进行。如图 2-2 所示。

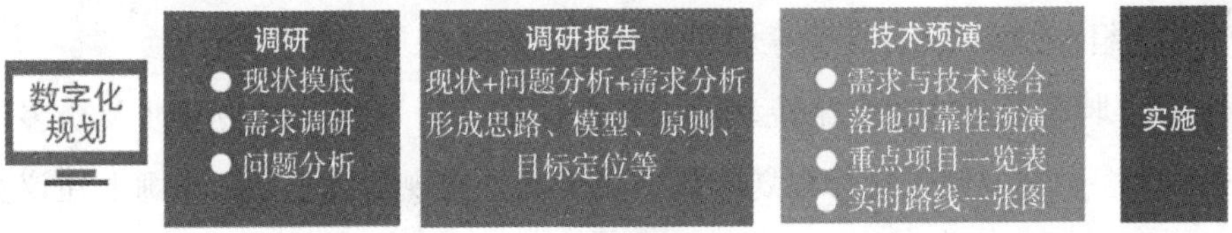

图 2-2　规划流程示意图

数字化转型规划的初始步骤与其他规划类似，首先是对企业现有的信息化和数字化状况进行全面的评估。接着，进行一到多轮的调研活动，并在此期间进行内外部的技术交流。这三项工作可以根据实际情况的需要，按照顺序进行，也可以互相穿插。通过这种摸底、调研（包括战略层面的调研）和技术交流，可以整理出规划的调研报告和思路。在征求了意见并进行高层调研交流之后，进入规划的整理和正式编制阶段。在这一阶段，可以继续进行一些交流和验证，同时进行方向性的意见征求和评审指导，以确保规划的方向不偏离正确的轨道。

从实际出发，以企业当前状况为基础，进行多层次的需求调研和考察。将调研和考察结果综合分析，进行需求与技术的整合，并对部分技术方案进行预演。根据技术方案的预演结果和对比分析，整合分析结果，选择适合企业的数字化转型规划方案，并提交给企业数字化领导小组和外聘专家进行评审。数字化转型规划应采取分步实施、逐层递进的方式，取长补短，整改不足，发挥优势，以确保企业数字化转型规划工作的顺利完成。

2. 企业数字化转型规划准备

在数字化转型规划的早期阶段，必须做好充分的准备工作，包括成立规划领导小组、聘请专业的数字化转型规划咨询团队、制定详细的实施计划和开展充分的调研准备。

（1）前期准备工作

① 成立规划领导小组。为了确保企业数字化转型规划的成功，需要建立一个强有力的组织保障。在规划初期，企业通常会成立一个专门的规划领导小组，由企业的最高领导者担任组长，成员包括企业高层管理人员以及各管理部门和主要生产部门的负责人。领导小组下设一个负责规划工作的“规划领导小组办公室”，负责统筹规划的编制和实施。

② 聘请专业的数字化转型规划咨询团队。由于数字化转型涉及众多行业，大多数企业缺乏自行规划的能力。因此，在规划过程中，原则上建议企业聘请专业的数字化转型规划咨询团队来协助完成规划编制工作。同时，考虑到咨询团队的业务局限性，企业也需要其专业团队深度参与，共同完成规划的编制。

③ 数字化转型规划实施计划。实施计划是规划工作的基础，一个好的实施计划是成功规划的前提。实施计划应明确规划思路和工作步骤，确定规划目标，制定详细的实施计划安排，并确定规划项目团队。

（2）调研准备工作

调研准备工作包括调研计划、调研表格和调研记录。首先，需要准备详尽的调研计划，合理安排规划工期，确保调研工作的质量和进度。其次，调研表格是调研工作的核心，应从顶层战略、基础设施、应用需求、高层、部门和基层等多个方面进行准备。最后，调研记录是调研工作的保障，包括日报、周报、月报、汇总记录等。

3. 企业数字化规划调研报告及思路

规划调研报告和思路的编制需要从多个角度进行全面的考虑：包括企业

数字化转型的定义、转型的动因、行业内的实践案例、企业的当前状况与行业差距、数字化发展的不同阶段、规划的定位、规划的依据、规划的目标、规划的原则、规划的整体思路、规划的初步架构及构想、初步调研的汇总、初步规划方案以及保障措施和下一步的规划计划等。这些内容涵盖了从理论到实践、从宏观到微观的全方位分析。

企业数字化转型的定义、动因、行业实践、企业现状与差距、发展阶段定义和规划定位思考等，主要目的是确保企业内部对数字化转型的认识和方向达成一致。如果企业内部对数字化转型没有形成统一的认识，对转型的定位没有达成共识，那么后续的工作将难以开展，也不利于形成统一的架构和方案。因此，统一认知和思想是规划成功的关键一步。

规划的依据、目标、原则、整体思路、初步架构及构想、调研汇总、初步规划方案等，是调研工作的汇总和统一，是规划编制的基础。依据（特别是行业依据）确保规划的方向不偏离，原则为规划工作提供边界保障，整体思路和架构引领规划的总体方案，调研汇总是规划方案编制的核心基础，初步规划方案则是规划编制的初步思考和雏形。

4. 企业数字化规划编制

企业数字化规划的编制应当根据不同行业的特性进行相应的调整，通常包括以下几个关键部分。

（1）概述：对企业数字化规划的背景、必要性、编制依据、规划范围、年限、规划组成等方面进行概述。

（2）现状、需求分析：对国内企业数字化发展的整体现状、特定项目的数字化发展现状、存在的问题和需求进行全面分析，以确定规划的需求内容。

（3）规划模型：分析当前的数字化转型模型，包括中国信通院的企业数字化转型成熟度模型 IOMM 标准、国有企业全链路数字化转型白皮书中的“五化能力”评估模型、国有企业数字化转型橙皮书中的“六化”模型等。结合企业实际情况，总结出适合企业自身的数字化总体规划模型，如考虑成熟度模型中的不同级别，对数字化规划模型进行全方位分析，既要符合企业实际，又要量化各项指标，以便于后续实施和评估。

（4）目标定位：定义企业数字化转型的概念、规划的定位和目标，包括总体目标、各阶段目标和期末目标。

（5）思路原则：确定规划的基本原则、思路和总体架构。

（6）规划方案：制定数字化基座规划、数字化应用内核规划（包括目标、方案、效果、各类应用、投资等）、数字化安全系统规划、数字化运维规划、数字化标准体系规划等。

（7）保障措施及汇总：根据企业实际情况，分析组织保障、资金保障、运维保障、人才保障、制度保障等方面的保障措施。规划应体现整体观览性，主要通过项目一览表和实施路线一张图来展示，这是确保规划落地的重要部分。

（8）重点行业要求：对于重点行业的企业，数字化转型规划的编制过程必须重视行业特点和个性化需求。忽视行业特性而谈论数字化转型将缺乏实际意义，行业特定性是企业数字化转型的关键。

二、企业数字化转型的路径

企业数字化转型的路径通常涉及以下几个方面。

（一）明确转型目标和战略

首先，企业需要明确数字化转型的目标和战略，包括提高效率、降低成本、增强客户体验、创新业务模式等。这有助于指导后续的转型工作，并确保所有活动都围绕这些目标进行。

扩展学习

新业态　新引擎　新未来

——全国政协“加强中小企业数字化转型”调研综述

中国经济正进入新一轮增长周期。数字化，则是其最耀眼的引擎。

党的十八大以来，以习近平同志为核心的党中央将发展数字经济上升为国家战略，出台了一系列重大决策部署，中国数字经济取得较快发展。

壹引其纲，万目皆张。占总数98%以上的中小微企业，无疑是数字化转型的重点，也是难点。

在党的二十大报告中，习近平总书记强调，“支持中小微企业发展”“促进数字经济和实体经济深度融合”，为推进中小企业数字化转型指明了前进方向、提供了根本遵循。

为贯彻落实习近平总书记重要讲话精神，助力中央决策部署落地见效，推动中小企业深化转型认知，经中央政治局常委会会议研究批准，全国政协将“加强中小企业数字化转型”列为2023年重点协商议题，纳入年度协商计划，于4月中旬召开双周协商座谈会。

为筹备好这次会议，民革中央、全国政协经济委员会组成专题调研组，在全国“两会”前夕邀请国务院相关部委的负责同志介绍中小微企业数字化转型进展、相关政策和面临的难题等，并于3月20日至25日在浙江、安徽开展调研。

调研组深入浙江省杭州市、金华市和安徽省合肥市、芜湖市的园区、企业，详细了解企业数字化转型情况，并召开调研座谈会与政府相关部门、企业家等进行座谈交流，全面了解中小企业数字化转型现状及面临的问题，提出意见建议。

新业态　数字化一个都不能少

“从调研看，中小企业数字化转型有喜有忧，认知差异大，潜力也巨大。”全国政协经济委员会副主任、工信部原部长苗圩的判断，其实也是调研组成员的普遍感受。

在安徽芜湖，调研组发现了一个“三粒瓜子”现象。

大家耳熟能详的“傻子瓜子”、洽洽、三只松鼠总部都在芜湖。

“傻子瓜子”坚守传统，市场占有率波动小；洽洽追求创新，解决了炒瓜子磕牙、香料容易粘在手上等问题，市场扩展很快；三只松鼠作为后起之秀，充分发挥数字化优势，10年间就打造出一家百亿级炒货企业。

模式不同，发展潜力体现出巨大的差异性。

全国政协经济委员会副主任，中央军委后勤保障部原部长高津提出，高度关注数字化转型过程中的“二八现象”。“现阶段，20%的企业数字化转型做得比较好，面临的是升级问题；80%的企业做得一般，面临的是数字化普及问题，甚至是生存问题。”

高津提出，根据处于不同阶段企业的不同特点和需求，开展分类服务、指导，鼓励先行者，积累经验，带动后进，有的放矢，效率会更高。

“要做到数字化一个都不能少。”全国政协委员，龙信数据研究院院长屈庆超说，中国市场主体的发展必须从“增量”的上半场，进入“提质”的下半场。中小微企业数字化转型要以企业为中心，要围绕让中小微企业活得更久、活得更好、活得更有质量开展工作，破解转型的堵点、难点问题。

新引擎　为数字化赋能打造市场支点

数字化，正在润物细无声地推动着中国经济前行。

中小微企业中，哪个行业数字化做得最好？全国政协委员，中泰证券总经理冯艺东认为，餐饮业即便不是最好，也应排在前列。

这是一个我们都再熟悉不过的场景：现在，无论是两三个人的夫妻店，还是员工数量达数百人的豪华餐厅，手机点餐、结账几乎成为标配。

冯艺东分析说，与传统现金支付相比，数字化带给餐饮店的进步肉眼可见：消费端，可以精确掌握“什么时间段客人多、什么菜最受客人喜欢、单台消费额在哪个价位区间最多”等关键信息，提高生产针对性；管理端，每一笔进项，都及时在软件中体现，可以避免收银环节的腐败等。

“发挥市场化力量，培育服务商是关键。”冯艺东补充说。

如何发挥市场在资源配置中的决定性作用，促进中小企业数字化转型，是调研组成员一直在关注、思考的问题。

全国政协常委，全国工商联副主席燕瑛把关注的焦点放在了产业链上。“浙江充分发挥产业链链主引领作用，带动上下游相关企业，形成集群式协同发展格局，有效、经济，打造了一个可借鉴的样本。”燕瑛进一步解释说，从北京、浙江、安徽等地经验看，发挥链主企业、平台企业、龙头企业作用，赋能缺人、缺钱、缺技术的中小微企业，形成大中小微企业协同发展的生态，从而有效促进中小企业链式数字化转型，是一条比较可行的路径。

全国政协委员，麒麟软件有限公司董事长谌志华对平台企业的重要性也很关注。他认为，从调研情况看，浙江、安徽都打造了服务中小企业数字化转型的服务平台，运转良好，成效显著。“在此基础上，打造自主可控的赋能中小企业数字化转型的平台，尤为重要。其中，平台安全问题要引起高度重视。”

全国政协委员，中国科学院计算技术研究所高级工程师傅川认为，创业者应高度关注新技术的应用。比如元宇宙技术。植根于元宇宙的形象，天然具有时尚要素。“一个元宇宙中的明星主播，可以同时在不同场景下出现，实现真人无法完成的分身效果。”傅川委员解释说。

新未来 共唱数字协奏曲

如何推动有效市场和有为政府更好结合，是调研组成员关心的核心议题之一。

全国政协委员，中国财政科学研究院院长刘尚希分析说，我国的数字化从消费领域起步，为各产业、行业的数字化探索了路径。同时，企业数字化却发展较慢，尤其是中小企业数字化转型相对滞后。原因之一是，基于云计算的“软件即服务”（SaaS）市场未能得到充分发展。“可以借鉴德国、西班牙等国家的做法，为中小企业购买租赁数字化软硬件应用提供专项补贴。”刘尚希建议。

全国政协委员，上海申银万国证券首席经济学家杨成长认为，中小企业数字化是一个分层、分级推进的过程，重点是推动管理数字化、制造数字化、设计数字化。当下，有3种解决方案。通用平台类方案比较好用，发展相对好；个案类方案虽然成本高，但供给比较有动力；相对短缺的是分型类平台解决方案，按什么标准分类的问题一直没有得到有效解决，比较模糊，各地探索也不一样。

针对不同的解决方案，政府的支持方式也不同。“在支持方式上，政府可以采用评级、购买服务等方式促进其发展。但平台一旦运营失败后怎么办？这个需要引起关注，做好预案。”杨成长说。

全国政协委员，民革广东省委会副主委唐冬生认为，政府支持中小企业数字化服务平台应分层设计，培育完整的公共服务平台生态系统。一是建立全国性的数字化转型公共服务平台，主要解决标准是什么的问题。二是建立若干数字化转型示范区，可以是市、县或区，形成相应的服务标准。三是地方性数字化转型公共服务平台，国资、民资都可以参与，性质是公益性，政府提供相应补贴，主要放在市级、县区，对当地企业进行诊断，提供服务及相应产品。四是专业性平台，聚焦在行业、产业集群，以市场化服务为主。

“扎扎实实调研，也是落实党的二十大精神的具体行动。通过调研，全面地了解真实情况，发现了一些问题，也在基层找到了老师，发现了新的动力。”全国政协经济委员会主任王国生在调研组内部讨论会上说，大家敞开思想、畅所欲言，坚持问题导向，发表真知灼见，出实招，出实策。相信随着研究的深入，我们会逐步梳理出更高质量的智慧成果，为中央科学决策和推动决策落实提供更有价值的参考。

（来源：人民政协报 2023 年 4 月 14 日。引用有改动）

（二）评估现状和需求

接下来，企业需要对自身的现状和需求进行评估，包括业务流程、组织结构、技术基础设施、员工技能等方面。这有助于确定哪些领域需要改进，以及需要投入多少资源来实现这些改进。

（三）制定转型计划

数字化时代的商业模式是多元化的，需要企业从根本上进行体制内部的升级和创新。企业适应新技术和新市场的能力愈显重要，并且必须将技术与业务完美结合。数字化转型涉及生产、财务、管理等所有方面，应最大限度地优化和提高整个企业的运营效率和客户体验。

基于评估结果，企业需要制定详细的转型计划，包括时间表、预算、人员配置、技术选型等。这个计划应该既具有可行性，又能确保实现转型目标。

（四）实施转型项目

在计划制定完成后，企业需要开始实施转型项目。这可能涉及引入新的技术、优化业务流程、调整组织结构、培训员工等。在这个过程中，企业需要保持灵活性和适应性，以便及时调整计划以应对不可预见的问题。

需要注意的是：鉴于企业数字化转型是一个系统性和复杂性的工程，需要高度结合企业原有的宝贵经验和数字化专业顾问团队实现高效完善的方案设计。

企业方需要以高管团队为代表，发挥自身对于行业和公司的深刻成熟的经验认识，在方案的实际价值评估、可行性和落地执行方面发挥优势。

顾问方发挥数字化转型的知识和案例经验的沉淀优势，通过引导和教练的方式协助企业完成专业高效的数字化转型方案并监督执行落地过程，取得预期积极成果。

（五）持续监控和优化

转型不是一次性的活动，而是一个持续的过程。企业需要定期监控转型的进展和效果，并根据需要进行调整和优化。这有助于确保转型始终沿着正确的方向进行，并达到预期的目标。

譬如，传统的实体书店在面对电子书的兴起时遭遇了巨大的挑战。为了适应市场的变化，许多传统书店开始引入电子书的销售，并且寻找其他创新的方法来吸引客户，比如举办书籍签售会、提供专业的读书讲座和开设咖啡馆等。

（六）培养数字化人才

数字化转型需要企业培养一支具备数字化技能和思维的人才队伍。随着人工智能和自动化技术的快速发展，许多传统行业的员工面临着就业的压力和技能的过时。因此，企业需要重视数字化人才的培养和引进，通过培训、招聘等方式提高员工的数字化能力。例如，汽车制造业的机械工人需要学会操作新一代的机械臂和机器人，以提高生产效率。他们需要通过参加培训课程或自学来掌握这些新技能，并确保自己在就业市场上保持竞争力。

（七）建立数字化文化

企业需要培育一种支持数字化转型的文化氛围。这包括鼓励创新、倡导协作、注重数据驱动决策等。这种文化有助于推动转型的深入进行，并使其成为企业持续发展的重要动力。

数字化商业模式对组织的不同角色有不同的意义与要求。

组织的“一把手”须通过提出清晰的价值主张，指导组织的各项经营和业务活动。通过设计数字化商业模式，指导组织的各个部门、各业务单元充分利用数字化赋能要素，有机地形成新的业务价值体系，将价值主张转化为业务结果。

对组织的高层管理者而言，须通过构建数字化商业模式，优化组织的价值创造、价值传递和价值获得的方式，提高整体价值链的效率，并形成新的核心竞争力。

对于中层管理者和普通员工而言，数字化商业模式指明了组织未来的发展方向，他们须理解变革的目的和影响，减少变革带来的阻力，同时为团队的能力培养和知识补充提供指引。

对数字化转型官（DTO）而言，须使用数字化商业模式画布展现全新的商业模式，与管理层在统一的模型框架下探讨数字化变革，同时作为变革管理和数字化成熟度的评价依据。

总之，企业数字化转型的路径和规划需要综合考虑多个方面，包括目标、现状、计划、实施、监控、人才和文化等。企业通过精心规划并有效执行，能够成功实现数字化转型，从而提升其竞争力和适应市场变化的能力。

第四节　企业数字化转型风险及转型定律

一、企业数字化转型风险

企业数字化转型的风险主要包括以下几方面。

(一) 技术问题

企业数字化转型需要依托先进的信息技术，如人工智能、大数据、云计算等。这些新技术不仅需要高昂的投入，还需要专业的技术支持和管理经验。数字化转型的实施涉及多个环节和流程，如需求分析、设计开发、测试上线等。如果实施流程不规范或者存在关键节点缺失，就会导致数字化转型项目失败或者产生不利影响。

案例分析

奈飞（Netflix）是美国的一家流媒体服务提供商，创立于1997年，最初是一个DVD租赁公司。然而，在数字化时代的趋势下，他们意识到传统的实体DVD租赁店面模式将难以应对未来的挑战。因此，奈飞开始积极转型，推出了在线流媒体服务，使用户可以通过互联网实时观看电影和电视剧。

奈飞意识到用户的观影行为和喜好正在发生转变，愿意通过互联网流媒体服务观看内容。因此，奈飞不断探索新的商业机会和创新解决方案，将其重点放在了流媒体技术和个性化内容推荐上。奈飞积极拓展内容资源，与制片商和内容提供商合作，推出了自家制作的原创剧集和电影，形成了强大的内容库。他们还通过数据分析和个性化算法，为用户提供精准的内容推荐，提升用户体验。

奈飞的成功淘汰了许多传统电视和电影产业的落伍企业。它通过不断提升自身的竞争力，提供更好的用户体验和更精准的内容推荐，并且积极投入研发和创新，开辟了数字化时代的新思路。

（二）人员问题

数字化转型需要企业内部核心管理层的支持，但现阶段企业在招聘、培养和留用人才方面仍存在较大的困难。同时，管理层可能担心数字化转型失败对自身带来的不良影响阻碍转型进程。

还需要有足够的技术人员、数据科学家、IT专业人员等，以确保数字化转型项目的顺利实施和运营维护。但是，很多管理层并不支持，再加上现阶段企业在招聘、培养和留用人才方面仍存在较大的困难，这也会对数字化转型带来一定的压力和挑战。

数字化转型需要大量高素质、具有专业技能和经验的人才。但如果企业在招聘、培训和留用人才方面存在问题，就会对数字化转型带来负面影响。

（三）文化问题

数字化转型需要企业树立开放、创新的文化氛围，但在传统企业中，这种文化转变需要时间和精力。如何让企业内部领导和员工适应数字化转型以及改变传统的思维方式也是一个挑战。

（四）数据安全风险

随着数字化转型的深入推进，数据安全风险成为主要的风险之一。企业可能面临数据泄露、滥用、篡改等挑战，这些问题可能导致重大的商业损失和声誉风险。数字化转型需要企业收集、处理、存储和分析大量的数据，但如果数据来源不清晰、质量不高或者存在泄露、损毁等问题，就会对数字化转型带来严重影响。

（五）组织风险

数字化转型迫使企业在组织结构、工作流程及岗位职责等方面进行必要的调整。这些变革虽然是为了提升整体效率与适应市场变化，但也可能引发部分员工的抵触心理和适应困难。这种情绪反应可能对组织的稳定性造成负面影响，进而影响到工作的整体效率。因此，企业在推进数字化转型的同时，需要关注员工的心理感受，采取有效措施来缓解员工的不安和抵触情绪，以确保转型过程的顺利进行和组织的和谐运作。通过建立良好的沟通机制、提供适当的培训和支持，企业能够更好地引导员工适应新的工作方式，从而实现数字化转型的目标。

（六）业务风险

数字化转型本质上是一场深刻的变革，它可能会彻底改变企业的运营流程、产品与服务的提供方式，以及商业模式的构建。这种转型带来的变化不仅会影响企业的日常运作，还可能引入许多业务上的不确定性。因此，企业在面对数字化转型时，必须进行深入的思考与周密的规划，以确保能够有效应对可能出现的各种挑战与机遇。在这个过程中，企业需要评估自身的现状，明确转型的目标，并制定切实可行的策略，以便在变化中抓住机遇，实现可持续发展。这样的转变要求企业具备灵活应变的能力，以及在技术与市场变化中保持竞争力的决心。

（七）法律风险

在数字化转型的过程中，企业常常需要与多个相关方进行合作。这种合作不仅涉及合同的签署，还包括知识产权的保护和个人隐私的维护等诸多问题。如果这些问题处理不当，企业可能会面临法律纠纷的风险。因此，企业在推进数字化转型时，必须认真考虑与合作伙伴之间的法律关系，确保所有合同条款的明确性和合法性。同时，企业还应当加强对知识产权的管理，确保自身的创新成果不被侵犯，并采取必要措施来保护客户的隐私信息。只有在妥善处理这些法律事务的基础上，企业才能顺利推进数字化转型，避免不必要的法律麻烦，从而实现转型的成功与可持续发展。

（八）成本风险

数字化转型是一个需要大量实际投资的过程，企业在这一过程中必须投入相当的资金、人力和物力等多种资源。如果企业在这方面的投入不足，或者选择的投入方式不当，就有可能导致数字化转型的失败，或者转型效果不理想。这不仅会影响企业的运营效率，还可能造成可观的成本损失。因此，企业在进行数字化转型时，必须非常谨慎地评估并合理配置资源，以确保转型过程顺利进行，进而实现预期的目标和收益。只有在充分的资源投入下，企业才能有效地应对市场变化，提升竞争力，从而在数字化时代中占据一席之地。

二、转型定律

（一）从传统模式到数字化模式

数字化转型要求企业将生产、管理、销售、服务等各个环节全面数字化，实现信息流、物流和资金流的高效协同。这种转变需要企业从传统模式转向数字化模式，建立起以数字为核心的运营体系。

（二）从单一业务到多元化业务

数字化转型为企业提供了拓展新业务模式和增值服务的机会，使其能够从单一的业务模式转向多元化的发展方向。以电商企业为例，随着数字化技术的不断进步，这些企业能够向物流、金融、教育等多个领域延伸其服务范围。这种多元化不仅丰富了企业的服务内容，还能满足客户在不同领域的需求，增强企业的竞争力和市场适应能力。通过数字化转型，企业可以整合资源，提升服务质量，进而实现更高的客户满意度和忠诚度。总之，数字化转型是企业实现业务创新和持续增长的重要途径，能够有效推动其在行业中的全方位发展。

（三）从产品驱动到数据驱动

数字化转型促使企业将数据视为重要的资源进行收集、分析和运用。这一转变意味着企业必须从以产品为中心的传统模式，转向以数据为核心的经营方式。在这种新模式下，企业在进行决策和制定战略时，需要更加重视数据所带来的价值及其应用潜力。通过深入挖掘和利用数据，企业能够更好地理解市场需求、提升客户体验，并推动创新。因此，建立一个高效的数据管理体系和分析能力，已成为企业在数字化时代取得竞争优势的关键。同时，这种转变也要求员工具备相关的数据素养，以便在各个层面上充分发挥数据的作用，从而实现更为精准和高效的业务决策。

（四）从人工智能（AI）到智能化

数字化转型能够促进企业实现自动化和智能化运营管理，从而提升生产效率和服务水平。例如，通过机器学习、自然语言处理等技术，企业可以实现智能客服、智能仓储等场景下的自动化处理。

随着深度学习、强化学习等技术的不断发展，AI 的智能水平将不断提高。未来，AI 将具备更强的自主学习能力、推理能力和创造力，能够更好地理解人类需求并提供更加个性化的服务。

（五）从线下走向线上

数字化转型可以帮助企业开拓线上渠道，扩大市场影响力。例如，传统实体店可以开设网店，通过电商平台、社交媒体等线上渠道扩展销售渠道和用户群体。传统线下销售的过程中，往往需要大量的人力、物力和时间，而线上销售可以通过数据化手段实现产品信息的智能分析、精准营销、快速反馈等服务，成功降低了卖方的成本、提升了买卖双方的体验。

扩展学习

数字化转型第一定律：推动组织转型，实现数字化变革

技术变化很快，但组织变化却慢得多。这是数字化转型的第一定律。因而，企业要推动组织变革，创造出转型能力，这样才能够成功实现数字化

转型。

该定律解释了为什么数字化转型更多的是领导层方面的挑战，而不是技术难题。大型企业的组织要远比科技复杂得多，因而更难以管理并做出改变。这些组织存在更多的移动组件，而且这些移动组件——人类——要更难以控制。

技术系统主要是根据指令运行，技术组件也主要是按照设定好的程序运行。但人类就完全不同。编辑软件组件或是替换某个元件相对要简单得多，但是要改变一个组织却不是一件容易的事。

组织是企业所有者（或领导）需求与个人需求之间的一种议定均衡，这种均衡很难获得，更难以改变。只要想想上次你在业务内推行一项重要变革时的经历，或是你老板推行一项变革时的情况，你就应该知道嘴上说说的转型不会成功实现。你需要让员工相信他们需要改变，然后你要帮助他们朝着正确的方向进行改变。如果你做得对，你就能够调动他们积极性，让他们开始为更好的变化建言献策。

如何推动组织变革？

因为数字化转型更多的是领导层方面的挑战，而不是技术难题，所以必须让管理层的注意力放在员工是否渴望做出改变以及组织是否能够进行改变上。

为了将数字化转型从项目转变为一种能力——从有限时间内的投资转变为持久性数字化创新工厂，你需要做到以下三点：

改变愿景

大多数人都不喜欢变化。如果你要推动变革，你需要让别人看到变革能带来的好处。这就需要利用转型性愿景来帮助员工明确变革的原因，以及他们在转型过程中可以发挥怎样的作用。

如果没有清晰明确且令人信服的愿景，员工最多也只会给予不冷不热的支持。大多数员工会忽视变革，希望它自动消失。甚至还会有员工明处或暗处（这种情况更常见）反对变革。

伟大的愿景能够清晰地描绘出企业会发展得更好，这样的企业对客户和员工都是更好的选择。你要让别人明白为什么新的愿景要比原来的运作方式更好，你还需要让公司员工了解如何适应这一转变过程以及未来的组织状态。如果你已创造好了条件，你的员工甚至可以为此建言献策，让愿景成为现实。

以星展银行为例。在新加坡的五大银行中，星展银行的客户满意度指数曾经是最低的，银行的CEO和CIO决定从根本上改变这一局面。

他们最后明确了一个愿景，致力于“创造愉悦的银行体验”，并在各个银行点广泛推广。他们设定了一个目标：通过修正流程和在客户过去需要等待的地方引入各种功能，来消除10亿小时的客户等待时间。同时，他们还为员工开通了渠道，让员工觉得自己有权力提出任何创新方案，来帮助节省等待时间。几年后，星展银行累计节省了20亿小时的客户等待时间，并逐渐成为客户满意度指数最高的银行。

改变遗留平台

技术本身无法创造价值，如果技术效果不好，它还会削弱价值。许多组织的遗留平台——杂乱的业务流程和早已过时且错综复杂的IT系统网——是数字化转型过程中造成惰性和成本的主要因素。

例如，当系统无法为用户呈现统一的视图时，你就难以打造一致的用户体验；当数据杂乱或流程分散时，你就难以推行基于数据分析的全新的商业模式。

因此，为了成功实现新一轮的数字化创新，企业必须不时地修复旧的技术。这会是一项非常艰巨的任务，通常需要企业推出能够解决数字化问题的新平台，并将新平台与旧平台连接起来。同时还需要企业清理混乱的系统，这些系统会降低转变速度，增加风险。

创建一个数据仓库或数据湖会是个不错的短期解决方案，但有些时候你需要解决遗留平台本身产生的问题。

基本上，我们所研究的每家“数字大师”型企业——从印度生产商亚洲涂料公司到英国采矿公司力拓再到新加坡星展银行——都在推动转型前或转型期间对遗留平台进行了清理。

修复遗留平台会为企业打造更精益、更快速的业务流程，同时还会在新一轮数字化创新浪潮后给企业提供多种选择。

改变组织协作方式

制造业巨头通用电气公司（GE）在向数字化物联网平台转型的过程中所面临的各种困境并不是技术问题造成的。通用电气在物联网和机器学习方面积累了深厚的专业知识，并推出了许多很有吸引力的新想法，例如数字孪生（Digital Twin）概念。然而，通用电气没有解决数字化与传统部门之间不同竖井组织的协作问题。这一问题与其他的组织方面的挑战不仅阻碍了产品开发，同时还对销售过程造成极大的挑战。

2017年，随着数字化业务销售增长缓慢，传统业务销售滞后，以及数字化方面持续高额比例的投资，通用电气CEO伊梅尔特（Jeffrey Immelt）于当年年底离职。通用电气一直努力将利润和增长水平恢复到以前的水平。

在数字化转型过程中面临各种组织结构挑战的并非只有通用电气，也并非只发生在今年。这些挑战在每个行业内都会发生，而且多年来已经发生过多次，即使是在电商发展的早期阶段。

许多企业的传统业务与数字化业务的员工无法相互配合。激励问题使得传统部门的员工将精力更多地放在自己身上，而不是集中在数字化创新或数字化和传统交互的混合体上。虽然强有力的愿景能够创造出动力，但组织和激励问题会成为转型道路上的阻碍。

解决这些组织问题需要经过反复沟通，建立清晰的激励机制，并在某些时候采取明确的措施对朝着错误方向努力的人员进行管教。

企业要解决的一个重要内部协作问题就是IT部门与其他业务部门之间的协作。

在我们数字化转型的早期调查中，许多企业领导争辩说技术发展得太快了，他们的IT部门难以跟上技术的发展节奏，他们选择追求数字化发展，但是没有IT主管的参与。

这是个错误的做法。

最优秀的企业已经找到方法让业务主管与IT主管紧密协作，共同推动数字化转型。IT部的运维管理速度变得更快，更有商业悟性，数字化部门找到与IT协作的方式，而且不是围绕IT运行，同时业务主管开始让两个部门参与战略决策的制定。即使企业要建立一个独立的数字化部门，这些最优秀企业的IT部门和数字化部门的主管也能够相互协作，推动数字化转型。

将数字化转型从项目转变成一种能力

在我早期当工程师的时候，我经常开玩笑说如果我们能把人员都调走，组织运转将改善很多。在经过数十年的研究和实践后，我现在更乐于见到组织内有人员。人员让组织得以运转。但他们也会造成组织发展缓慢，或是朝着错误的方向发展。

但实际并非总是如此。

员工不一定是产生惰性的因素。在我们所熟知的发展迅猛的数字化企业里，员工是持续不断的创新和活力的来源。员工们了解企业的发展目标，能够看出事务运行方式的问题，并不断地提出改进方案。

这可以成为每个企业（不管是不是数字化企业）真实发生的情况。但要想打造企业所需的数字化转型，只靠文字落实和酷炫的新技术是不可能实现的。

以下是各个领导需要完成的工作：打造一个令人信服的体现数字化未来的愿景；促进交流，让员工能够理解愿景并明白这对他们来说意味着什么；清理会降低或妨碍转变的遗留问题，例如信息系统、工作规定、激励政策、管理措施或是失灵的功能；开始试点，建立势头；创建对话，让企业不同部门能够利用其他部门的创新性工作，并以此为基础。

进行以上工作，你将创造出一种变革能力，而不仅仅是一系列转型项目。一旦企业拥有了变革能力，数字化转型就会永不停歇。它会变成持续的过程，同时在持续性的转型过程中，员工和他们的领导会不断明确新的转变方式，从而让企业发展得更好。

（原作者：乔治·韦斯特曼（George Westerman），麻省理工学院斯隆管理学院数字经济首席科学家。引用有改动）

第三章　企业管理的数字化转型

企业数字化转型涉及企业利用数字技术和创新手段，对业务流程、组织架构、产品与服务进行重新设计和革新，以提升效率、创造价值并适应市场的快速变化。这一过程是企业为了应对数字时代的挑战和机遇，从传统模式向数字化和智能化方向转变的必然路径。

第一节　企业文化是成功转型的关键

任正非曾经说过，世界上一切资源都可能枯竭，只有一种资源可以生生不息，那就是文化。

企业文化被视为成功转型的关键，因为企业文化在转型过程中起着至关重要的作用。企业文化不仅代表着企业的价值观、信仰和行为准则，还影响着员工的行为和思维方式。在转型过程中，企业文化可以帮助企业保持稳定、统一和高效的运营，同时也可以激发员工的积极性和创造力，推动转型的成功实施。

一、企业文化

（一）企业文化的含义

企业文化，也称为组织文化，是企业通过其价值观、信念、仪式、符号、行事方式等所展现出的独特文化特征。简而言之，它是企业在日常运营中表现出的所有方面。企业文化是在特定环境下，企业在其生产经营和管理活动中所创造的精神和物质财富，包括企业的愿景、文化观念、价值观念、道德规范、行为准则、历史传统、制度、文化环境、产品等。其中，价值观是企业文化的核心。

企业文化是企业的灵魂，是推动企业持续发展的动力源泉，代表着一种共同的思维和行为模式。它蕴含着丰富的内容，其核心在于企业的精神和价值观。这里的价值观并非泛指企业管理中的各种文化现象，而是企业在经营活动中所坚持的价值观念。

企业文化是企业在经营活动中形成的经营理念、目的、方针、价值观念、行为、社会责任、形象等的总和。它是企业个性的体现，是企业生存、竞争和发展的灵魂。

（二）企业文化的组成

企业文化由三个层次构成。

1. 表层文化（可见层面）

企业的外在表现包括了许多可见的元素，比如公司的标志、办公环境、员工的着装以及各种公司活动等。这些因素通常比较容易被外部人士观察到，能够直观地反映出企业的基本形象和文化氛围。通过这些表现，外界能够对企业的价值观、风格和氛围形成初步的印象。因此，这些可见的元素不仅仅是企业形象的展示，更是企业内在文化和经营理念的重要体现。它们共同构成了一个整体，影响着客户、合作伙伴以及潜在员工对公司的认知和评价。通过细致地观察这些外在表现，外部人士能够更深入地了解企业的特点和核心价值，从而对企业形成全面的看法。因此，企业在塑造这些可见表现时，应当仔细考虑它们所传达的信息和意图。

2. 价值观层（核心层面）

企业的核心价值观、使命与愿景构成了其运作的基石。这些原则不仅在企业的决策过程中起到指导作用，还影响着企业的行为模式。通常，这些核心理念会在公司的宣传材料中得到体现，并通过内部沟通渠道传达给员工。它们帮助员工理解公司的目标和方向，确保每个人在工作中朝着同一目标努力。通过明确的价值观与使命，企业能够建立起一致的文化氛围，增强团队的凝聚力，从而提升整体效率和竞争力。此外，这些要素也有助于外部利益相关者了解企业的定位与承诺，促进企业与客户、合作伙伴之间建立信任。因此，核心价值观、使命和愿景不仅是企业发展的指导方针，也是其长期成功的重要保障。

3. 基本假设层（深层文化）

企业文化深深植根于企业成员之间共同认可和信奉的基本信念与假设。这些信念往往潜藏于潜意识中，虽然不易被察觉，却在悄然无声中对企业的行为表现及员工的思维方式产生深远影响。这些潜在的信仰和价值观塑造了企业的整体氛围，影响着决策、沟通和工作方式。员工在这种文化环境中成长，逐渐形成了对企业使命、愿景及目标的认同感，从而在日常工作中展现出一致的行为模式。可以说，企业文化不仅是组织内在的精神支柱，更是促进员工凝聚力和向心力的重要因素。理解并重视这些潜在信念，有助于企业在变革和发展过程中，更加顺利地调整和优化内部结构与流程，以适应不断变化的市场环境和挑战。

二、企业文化对企业的影响

（一）企业文化可以帮助企业保持稳定

在转型过程中，企业面临着许多挑战和不确定性，如组织结构调整、人员变动、业务流程优化等。这些变化可能会给员工带来困惑和不安，而稳定的企业文化可以为员工提供支持和指导，帮助他们更好地适应变化，保持企业的稳定运营。

（二）企业文化可以统一员工的思想和行为

在转型过程中，企业需要员工积极参与合作，共同完成转型任务。统一的企业文化可以帮助员工形成共同的目标和价值观，增强员工的归属感和责任感，促进员工之间的合作和协作，确保转型的顺利实施。

（三）企业文化可以激发员工的积极性和创造力

转型过程中，企业需要员工提出新的想法和解决方案，不断创新和改进。积极、开放的企业文化可以鼓励员工发表自己的意见和想法，提供创新的空间和机会，激发员工的积极性和创造力，为企业的转型和发展注入新的动力。

因此，企业文化被视为成功转型的关键。在转型过程中，企业需要注重企业文化的建设和维护，确保企业文化与转型目标相一致，能够激发员工的积极性和创造力，促进企业的稳定、统一和高效运营。同时，企业也需要不断调整和完善企业文化，以适应市场变化和客户需求，保持企业的竞争力和可持续发展。

三、企业文化的数字化转型

在企业数字化转型的组织运营过程中，企业文化的数字化转型是最难的，因为战略、战术可以模仿和复制，唯有企业文化难以模仿和复制。

实际上，在企业的数字化转型中，技术层面的数字化并不是最具挑战性的，更具挑战性的是企业文化的数字化转型。很多企业的数字化转型失败，一个非常重要的原因就是包括认知和思维方式在内的企业文化没有转变。

波士顿咨询集团的一项调研显示：重视文化变革的企业，其数字化转型成功率达到 90%；而忽视文化变革的企业，其数字化转型的成功率只有 17%。企业文化的数字化转型是非常重要的，对于增强组织向心力、提升组织数字化转型的执行力具有不可替代的作用。

微软公司大中华区前副总裁康荣认为："数字化转型最重要的是文化转型，只有自上而下形成共识，才能转型成功。"企业文化数字化转型的重要程度，已经形成了商业共识。路易威登集团前任首席数字官也曾明确指出，成败的关键时刻，还得看企业或组织在进行数字化转型的过程中是否已经接受了这不是技术问题而是企业文化变革的事实。企业文化变革是数字化转型的前提。

扩展学习

当企业开始进行转型时，它们不仅在信用和声誉上承担风险，还需要投入大量资金。问题是，企业是否有效地利用了这些资金和精力？研究表明，许多变革举措最终以失败告终，尤其是在流程优化、成本削减、数字化和质量提升等方面。即便企业最初的转型项目取得了成功，也往往难以维持其效果。

为了识别转型中的缺失并提高成功率，卡岑巴赫中心对2200多名高级管理者、管理人员和普通员工进行了调研。调研发现，转型面临三大主要障碍：变革疲劳（65%的受访者表示经历过不同形式的变革疲劳）、缺乏推动转型的技能（48%的受访者表示公司缺乏必要的能力）以及高管在转型决策中忽视了基层员工的意见和建议（影响了员工对转型的理解和支持）。

员工在面对多重变革重点时，往往感到不确定如何跟进，甚至不确定哪些举措对组织有利，因此采取观望态度。这种不确定感在组织内部蔓延，不利于变革举措的推进。此外，转型后期可能出现"反向效应"，当领导层不再关注转型时，最初的变革成果可能会消失。

企业文化，包括反馈机制、同级关系和管理层行为等，对变革的成功至关重要。如果员工认为转型与企业文化相悖，变革计划将难以实施。只有54%的受访者表示其所在企业成功采纳了变革举措并实现了持续成果。

大多数高管和员工都认识到文化的重要性，86%的高管和84%的管理人员和员工认为文化是企业成功的关键，60%的人认为文化的重要性高于战略和运营模式。然而，在推动变革时，文化往往不是企业的首要关注点。数据显示，只有24%的受访者认为企业在推行变革时发挥了现有文化的影响，只有35%的人认为企业试图利用员工的自豪感和情感承诺。

相反，在成功的转型项目中，文化因素发挥了更大的作用。70%的受访者表示企业利用了员工的自豪感和情感承诺，56%的人认为企业发挥了现有文化的作用。这表明，文化不仅可以在变革中发挥作用，还可以引领整个转型项目。

总的来说，虽然大多数员工认为文化对企业成功至关重要，但企业在日常运营中对文化的关注程度并不一致。只有约一半的员工认为领导层将文化作为重点，更少的人（45%）认为企业进行了有效的文化管理。96%的受访者认为需要对文化进行部分调整，51%的人认为需要全面调整。这表明，企业文化和转型之间存在着密切的联系，文化可以成为变革的工具，并引领整个转型项目。

（来源：经济观察网。引用有改动）

四、企业文化的数字化转型的关键

在全球数字化转型专家布莱恩·索利斯（Brian Solis）看来，企业文化的数字化转型包含以下几方面。

（一）创新

企业应当积极鼓励各个部门和员工进行大胆尝试，尽管这种冒险可能带来一定程度的风险和损失，但依然要倡导各部门与员工培养颠覆性的思维方式，主动创造一个探索新理念的团队环境。通过这样的支持，企业能够激发创新潜力，促进新思想的产生和实施。鼓励尝试和探索不仅能提升团队的凝聚力，还能提升员工的积极性，使他们在面对挑战时更具创造性和灵活性。最终，这种开放的氛围将有助于企业在激烈的市场竞争中脱颖而出，推动持续的成长与发展。

（二）数据驱动的决策

企业应积极推动各个部门及员工充分利用数据挖掘与分析等工具，以此来提高其业务能力、决策能力和工作效率。通过系统化的数据处理和深入分析，企业能够更好地识别市场趋势、客户需求以及内部运营效率，从而为决策提供更为精准的依据。同时，鼓励员工在日常工作中运用数据分析思维，能够帮助他们更有效地解决问题，优化工作流程。整体来看，充分利用数据资源不仅能够提升企业的竞争力，也能促进员工的个人成长与发展，形成良好的工作氛围。因此，各级管理者应当重视并支持这一转型过程，确保每位员工都能在数据驱动的环境中发挥其最大潜力。

（三）合作

“1+1”究竟是大于2还是小于2，这一问题的关键在于合作的作用。在数字化时代，企业文化必须强调高效、顺畅的协作。因此，企业应积极构建跨职能和跨部门的团队，以增强组织在数字化转型过程中的协同能力。通过这种方式，企业能够更好地应对转型挑战，实现更大的发展潜力。

（四）开放文化

企业的数字化转型并不是孤立的，要在组织内部积极打造开放文化，鼓励各部门与员工积极加深与第三方供应商、客户、消费者的数字化合作。企业内部一旦形成了开放文化，对新技术、新信息的收集和接受能力也会获得一个明显的提升。

（五）数字第一思维

为了促进组织成员培养数字化解决方案的思维方式，我们应该在面对各种困难或问题时，积极鼓励他们采用数字化的方式来解决。这种做法不仅可以帮助他们克服挑战，还能显著加速企业的数字化转型进程。通过不断强调数字化思维的重要性，成员们将更加习惯于利用现代技术和工具，从而提升工作效率和创新能力。最终，这将为企业带来更高的竞争力，并推动整体发展。因此，鼓励每位成员在问题解决的过程中思考数字化方案，将是实现企业数字化转型的关键举措。

（六）敏捷和灵活性

在数字化转型的过程中，企业要想适应不断变化的需求和技术，其决策就一定要追求速度和执行力。敏捷而又灵活的文化氛围，对于企业快速决策是非常有帮助的。

（七）以客户为中心

数字化的企业文化也是一定是以客户为中心的，因此企业要积极打造利用数字化解决方案提升客户体验的整体氛围。

总的来说，数字化的企业文化可以给企业数字化转型提供思考方式和行为准则，从而引导所有企业成员采取恰当的行动助力数字化转型。企业可以通过培育数字化文化，加强全体员工对数字化的理解，引导其转变传统思维模式。而一旦数字化转型的意识深入了人心，行动的阻力就会小得多。

在企业的数字化转型中，人的因素是最关键、最重要的，而人的因素最终体现在文化和思维的数字化创新变革上。如果传统企业的文化不转型，那么数字化转型必然会被原有的文化惯性拉回原有的轨道上。只有对企业的底层文化进行数字化变革，营造良好的数字化转型氛围，企业的数字化转型才能从根本上实现。

第二节　虚拟组织是企业数字化转型的支持力量

随着社交媒体和互联网的蓬勃发展，虚拟组织逐渐成为一种新兴的组织形态。这类组织为捕捉市场转瞬即逝的机会而迅速集结人员，他们基于共同的目标而工作，各成员独立运作，通过先进技术在跨越时间和空间、跨越不同组织的界限上进行沟通和协作。一旦任务达成，这些组织便自行解散，回归各自的状态。

一、认知虚拟组织

（一）虚拟组织的含义

虚拟组织是一种区别于传统组织的以信息技术为支撑的人机一体化组织。其特征以现代通信技术、信息存储技术、机器智能产品为依托，实现传统组织结构、职能及目标。在形式上，没有固定的地理空间，也没有时间限制。组织成员通过高度自律和高度的价值取向实现团队共同目标。

《商业周刊》在1993年把虚拟企业定义为一种新的组织形式，它运用技术手段把人员、资产、创意动态地联系在一起。简单来说，虚拟组织是由两个或两个以上独立的实体组成的，是为了快速向市场提供产品和服务，在一定时间内形成的动态联盟。它不具备法人地位，也没有固定的组织层级和内部指挥系统，而是一种开放的结构。因此，在有充分信息的情况下，可以从众多组织中通过竞争性招标或自由选择等方式选择合作伙伴，迅速形成各专业领域的独特优势，实现对外部资源的整合利用。这种组织形式可以以较低的结构成本和较高的灵活性完成单个企业难以承担的市场功能，如产品开发、生产和销售。虚拟组织中的成员可能遍布全球，彼此之间可能没有产权上的联系，与传统跨国公司不同，它们之间的合作关系是动态的，完全超越了基于内部组织制度的传统管理方法。

（二）虚拟组织的关键特征

《商业周刊》在提出虚拟组织概念的同时，也对其关键特征进行了总结，大致表现在以下几个方面。

1. 虚拟组织具有高度适应性，其内部结构和规章制度灵活多变

虚拟组织是一个基于机遇的多种核心能力的集合体，这些能力分散在不同的实际组织中。它通过整合这些组织的一部分或全部来把握机遇。一旦机

遇消失，虚拟组织便会解散。因此，虚拟组织可能只存在数月或数十年。

2. 虚拟组织成员共享彼此的核心能力

虚拟组织通过整合成员的资源、技术和市场机遇而形成。其价值在于能够集中成员的核心能力和资源，从而减少时间、成本和风险，提升服务能力。

3. 虚拟组织成员必须以相互信任为基础进行合作

合作是虚拟组织存在的基础。由于虚拟组织打破了传统的以内部制度为基础的管理方式，各成员保持自己的风格，这可能导致合作中的协调问题。然而，为了共同抓住市场机遇，成员们必须相互信任。当信任成为共享成功的必要条件时，成员之间会形成强烈的依赖关系。否则，他们无法取得成功，也无法吸引客户。随着信息技术的发展、竞争的加剧和全球市场的形成，没有一家企业能够独自面对全球竞争。虚拟组织已成为公司竞争战略中的重要工具。这种组织形式具有强大的生命力和适应性，能够帮助企业准确有效地把握市场机遇。然而，虚拟组织的构建和运营并不简单，需要不断地实践创新，也蕴藏着无限的可能性。

案例分析

BM 公司拥有一个高级虚拟组织，负责在整个公司范围内推动工作任务和策略的执行。该组织由 28 名成员组成，他们来自公司的各个部门，能够为任何目标迅速集结。

二、虚拟组织和传统组织的区别

虚拟组织与传统组织在多个方面存在显著差异：

（一）管理方式的革新

虚拟组织不受地理位置限制，成员可能分布全球，彼此间不一定存在产权联系。与传统组织相比，虚拟组织的合作关系是动态的，不依赖于内部组织制度。它是一个高度集权化的小型核心组织，部门化程度低，主要职能通过外包实现，由最适合的人才组成。这种结构降低了管理成本，特别是人工成本，并能减少长期风险和成本，因为它是根据项目或机会而形成的，项目结束或机会消失后，组织便解散。

（二）更高的灵活性和柔性

虚拟组织比传统组织更灵活、更柔性。它不像传统企业那样有明确的组织架构和层级，而是更像项目小组，为了解决问题而临时成立，问题解决后解散。虚拟化使组织能够根据环境变化调整战略，变成动态的、资源可以重新配置的企业。这种无边界的组织失去了与外界的界限分割和传统组织的一般特点。

（三）同心圆结构

虚拟组织通常被描述为松散的结构，几乎没有控制等级。与传统金字塔结构不同，虚拟组织的基本结构是同心圆，兼具社交网络特性。在虚拟组织的圆环中，大量节点互相关联，形成密不可分的网状结构。

（四）链接方式的差异

虚拟组织的两个基本特征是遵从“吸引力”法则而非“推力”法则，以及遵从“或然率”而非“因果律”。在虚拟世界中，地域和职能部门的连接维度可以无限扩张和自由转换，实现真正的“无边界”。虚拟组织的效力与其规模成正比，通过或然率乘以规模获得更大的结果效力，通过吸引力乘以规模得到加强的内向引力。

三、虚拟组织的成员

（一）高效团队的关键角色

英国组织行为学家贝尔宾博士（Dr. Raymond Meredith Belbin）及其团队通过对成功团队的长期研究、追踪和分析，发现一个高效的团队通常需要九种关键角色。

1. 智多星

具有创造力和想象力，擅长提出创新解决方案。

2. 资源调查员

外向、好奇，擅长探索外部机会和资源。

3. 协调员

成熟、令人有信任感，能够协调团队成员之间的关系和活动。

4. 推进者

有动力、有决断力，能够推动团队克服困难，实现目标。

5. 监督评论员

冷静、客观，擅长分析和评估团队的表现和决策。

6. 凝聚者

支持性强、善于沟通，能够帮助团队保持和谐。

7. 实干家

可靠、有组织能力，擅长将计划和想法转化为实际操作。

8. 善始善终者

注重细节、有责任心，确保任务按时完成且质量达标。

9. 专家

对特定领域有深入知识和技能，为团队提供专业支持。

贝尔宾的团队角色理论认为，一个团队如果能够拥有这九种角色的平衡组合，将能够更有效地解决问题，提高团队的整体表现。

（二）虚拟组织里常见的四个角色

1. 知识团队

虚拟组织虽然结构松散，但成员个体在各自的专业领域内建立知识团队，这些团队在专业领域内拥有决策权。

知识团队的成员包括高层和基层工作人员。在这些团队中，成员合作并拥有特定技术领域的知识。基层工作者执行任务，高层人员整合基层人员的工作，并负责与其他知识团队和管理者沟通。

2. 设计师

处理整合并做出决策的团队可被视为虚拟组织的设计师，他们随着任务和目标的变化而变化。

虚拟组织的管理与传统组织的管理不同。传统组织没有时间限制，对结构、层级、角色和任务有明确的定义。成员有固定聚会场所，有大量非正式行为，具有中心管理层，不会波动或随时间改变。但虚拟组织的管理被视为一个人或一群人居于中心位置，为整个组织做出决策并获得了其他成员的信任。管理群体可能会不断变化或被新群体替代，取决于组织所做出的决策。

3. 经纪人

经纪人角色是组织的中心角色，在沟通中起重要作用。只有经纪人是组织的中心，拥有决策权并担任 CEO。

在虚拟组织的存在期限内，经纪人角色都由一个人承担。与组织成员及顾客建立信任关系十分重要，成员和客户都必须信任经纪人。

经纪人的个人网络包括与工作相关的人员、朋友、早期合作项目成员。网络用于寻找知识团队项目的成员（主要是高层人员）和新的客户（财务支持者）。

4. 顾客

虚拟组织中还存在顾客角色。顾客是实现目标所做的决策的一部分，主要与经纪人沟通。

据伯特咨询曾做的一些调查，顾客分布广泛，可以提供设备、市场及客户的知识，讨论工作的执行情况或观察工作的执行等。对经纪人而言，清晰地定义顾客十分重要，他们可以将顾客的信息与虚拟组织成员进行沟通。

四、虚拟组织可以视为企业数字化转型的一种支持力量

随着数字化技术的不断发展，企业的组织形态和业务模式也在发生深刻的变化。虚拟组织作为一种新型的组织形式，具有灵活、高效、协同等特点，能够为企业的数字化转型提供有力支持。

（一）虚拟组织可以突破地域和时间的限制，实现全球范围内的资源整合和协同合作

通过数字化技术，虚拟组织可以将分散在不同地区、不同领域的专家、团队和资源连接起来，形成一个高效、协同的工作网络。这种跨地域、跨领域的协同合作，可以为企业带来更多的创新思路和解决方案，推动企业的数字化转型进程。

（二）虚拟组织可以降低企业的运营成本和风险

传统的实体组织需要投入大量的人力、物力和财力来维持运营，而虚拟组织则可以通过共享资源、优化流程等方式降低运营成本。同时，虚拟组织的灵活性也意味着企业可以更加快速地响应市场变化和客户需求，降低经营风险。

（三）虚拟组织还可以促进企业的创新和发展

虚拟组织的成员通常来自不同的领域和背景，他们具有不同的专业知识和经验，可以为企业带来更多的创新思路和解决方案。同时，虚拟组织的开放性和包容性也鼓励成员之间的交流和合作，促进知识的共享和转化，为企业的发展注入新的活力。

总之，虚拟组织作为企业数字化转型的一种支持力量，具有灵活、高效、协同等特点，能够突破地域和时间的限制，实现全球范围内的资源整合和协同合作，降低企业的运营成本和风险，促进企业的创新和发展。在未来的数字化转型过程中，虚拟组织有望发挥更加重要的作用。

第三节　数字化管理模式与机制

数字化管理模式已经成为工业企业推动模式创新和培育新增长点的重要动力。这种管理方式不仅提高了企业的运营效率，还促进了资源的优化配置，帮助企业更好地应对市场变化。通过数字化手段，企业能够快速获取和分析数据，从而做出更加精准的决策，提升竞争力。同时，数字化管理也为企业创造了新的商业模式和服务机会，推动了行业的转型升级。因此，采用数字化管理模式对于工业企业来说，不仅是适应时代发展的要求，更是实现可持续发展的关键所在。

一、数字化管理模式的意义

数字化管理模式通过数字化工具和系统，可以实时收集、分析和呈现企业的数据，使企业能够及时了解业务运营情况、市场趋势和客户需求，从而做出更准确的决策和调整策略。

同时，数字化管理模式可以自动化和优化企业的业务流程，例如通过电子化文档管理、在线协作和远程办公等方式，减少人工操作和错误，提高工作效率和生产效率，并降低企业的运营成本。

数字化管理还能够帮助企业盘活数据要素资产，发挥数据在支撑决策、驱动运营、优化创新等方面的作用，构建新型能力体系，快速进行数字化产品研发、工艺设计、生产制造等，提升发展的柔性和韧性。

此外，数字化管理还能促进企业管理效率大幅提升，企业资源调配更加合理高效，管理决策更加及时灵活。例如，它能够实现城市安全的实时监测和预警，通过数据分析和人工智能技术，可以快速发现和解决城市安全问题，保障市民的生命财产安全。数字化管理还可以帮助城市管理者更好地了解城市的安全状况和风险，及时发现并处理安全隐患，提高城市的安全性。

二、数字化管理模式的关键

（一）数据驱动决策

数字化转型中，数据驱动决策是一个非常重要的环节。有效利用数据可以帮助企业做出更明智的决策，提高业务效率，优化用户体验，降低成本，提高收益等。

1. 有效的数据收集和整理是决策的基础

企业需要建立起完善的数据收集和整理机制，确保数据的质量和准确性。通过自有数据和第三方数据的整合，构建全面、真实的数据分析基础，从而使决策更为准确、有效。

以汇元科技为例，汇元科技公司是一家在新三板创新层挂牌的公众支付公司，通过数据分析，发现大多数企业有着灵活用工结算、会员系统、私域流量、数字权益的需求，于是汇元科技通过支付生态战略布局，投资和参股了专营与灵活用工、会员系统、私域流量管理、数字权益的解决方案的公司，为企业客户提供一站式的企业数字化增值服务，既提升了客户的运营效率，也加强了客户和汇元科技的持续合作。

2. 有效的数据分析是决策的关键

企业需要通过数据分析，发掘出数据背后的价值，为企业决策提供准确、有力的支持。数据分析可以通过人工分析和机器学习等方法来实现。以亚马逊为例，该公司通过人工智能和机器学习技术，对大量的数据进行分析和预测，实现了更高效的库存管理、更精准的推荐服务和更快速的订单处理等，提高了企业的效率和用户体验。以汇元科技为例，旗下控股公司智卡汇公司专注为新零售提供丰富的会员系统解决方案和生鲜零售行业 AI 智能订货分析模型，通过 AI 智能学习，帮助生鲜零售行业精准预测了未来几天的销售量，降低了库存损耗，大幅提升了盈利空间。

3. 有效的数据应用是决策的关键

企业需要将数据应用到实际业务场景中，实现数字化转型的目标。数据应用可以通过数据可视化、智能化决策支持等手段来实现。以美团为例，该公司通过数据可视化技术，将大量的数据转化为图表和可视化界面，提供给业务部门进行决策和调整。此外，美团还建立了智能化的营销决策系统，通过数据分析和机器学习等技术，帮助商家制定更科学的营销策略，提高了商家的收益和用户的体验。

4. 有效的数据管理是决策的保障

企业确实需要建立完善的数据管理体系，以确保数据的安全性和可靠性，防止数据泄露和滥用。这包括实施严格的数据访问控制、加密技术、定期备份和恢复计划等措施。同时，企业还应遵守适用的数据保护法规和行业标准，如欧盟的通用数据保护条例（GDPR）或加州消费者隐私法案（CCPA），以确保其数据处理活动的合法性和合规性。这包括获取数据主体的同意、以及赋予数据主体对其个人数据的控制权等。通过这些措施，企业可以保护其客户的隐私，建立信任，并避免因违规而面临的法律和财务风险。以上数字化转型中的成功经验，归结于其建立了完善的数据安全和隐私保护机制，将数据驱动决策贯穿于企业的各个方面，积极探索新技术和新业务领域等因素。这些经验不仅为企业自身的数字化转型提供了支持和保障，也为其他企业的数字化转型提供了重要的借鉴和启示。

为了有效地实现数据驱动决策，企业需要考虑以下几点：

1. 企业需要确保数据的质量和准确性

数据的准确性对于决策制定非常关键，因此需要确保数据收集、处理和存储的过程都是标准化和可靠的。如果数据存在错误或偏差，将会导致企业做出错误的决策，甚至对企业的经营产生负面影响。

2. 企业需要建立完善的数据分析体系

数据分析是数据驱动决策的核心，因此需要建立专业的数据分析团队，采用合适的工具和技术对数据进行分析和挖掘。数据分析团队需要具备专业的技能和知识，能够将数据转化为有价值的信息和洞察，为企业的决策提供支持。

3. 企业还需要注重数据共享和协同

在数字化转型中，企业需要打破各部门之间的数据孤岛，将数据进行整合和共享。只有实现了数据共享和协同，企业才能够更好地进行数据驱动决策，避免信息孤立和重复工作。

4. 企业需要根据数据的分析结果进行调整和优化

数据分析只是为决策提供支持的手段，企业还需要根据数据的分析结果，对经营战略进行调整和优化。如果企业无法将数据分析结果转化为实际行动，那么数据分析的价值将会大打折扣。

综上所述，数据驱动决策是数字化转型中的关键要素之一，企业需要建立完善的数据分析体系，确保数据的质量和准确性，并注重数据共享和协同，最终根据数据分析结果进行调整和优化，才能够有效地实现数据驱动决策，提升企业的竞争力和创新力。

（二）流程优化与自动化

数字化技术可以帮助企业优化内部管理流程，减少烦琐的人工操作，提高工作效率。同时，通过自动化技术的应用，可以实现一些重复性、低价值工作的自动化处理，释放人力资源，让员工更加专注于创新和价值创造。例如，目前，越来越多的企业开始为自己的产品安装数据反馈采集器。通过对回传数据的分析和挖掘，能够实时监控设备的运行情况，进行故障预警。针对即将发生的设备故障，在做好防范的同时提示其进行保养。

（三）组织结构扁平化

传统的金字塔式组织结构在数字化时代显得过于笨重和缓慢。数字化管理模式倾向于构建扁平化、灵活的组织结构，加快决策和响应速度，提高组织的敏捷性和适应性。

（四）跨部门协同合作

数字化技术打破了部门之间的信息壁垒，促进了跨部门的协同合作。通过建立数字化协作平台和工具，不同部门可以实时共享信息、协同工作，提高整体工作效率和协同效果。

（五）人才培养与激励

数字化管理模式对人才的需求和激励也发生了变化。企业需要培养和引进具备数字化思维和技能的人才，同时建立与数字化转型相适应的激励机制，激发员工的积极性和创造力。

（六）持续改进与创新

数字化管理模式鼓励企业持续改进和创新。通过收集和分析客户反馈、市场趋势等信息，企业可以及时发现问题和不足，进行针对性的改进和优化。同时，数字化技术也为企业提供了更多的创新机会和可能性。

案例分析

某食品加工企业增效降本案例

广东省某食品有限公司，主营业务为食品加工、团餐配送，年收入约4亿，通过企企通供应商管理系统实现价值：

（1）上千家供应商全线上管理，全生命周期管理；

（2）21条采购流程全部数字化、信息化；

（3）上千颗物料询报价系统化，最大化合规、降本；

（4）构建采购全景沙盘管理体系，12处做到管理优化；

（5）基于集团采购业务构建起采购管理驾驶舱管理体系。

某地产企业增效降本案例

湖南某某建设有限公司，主营建筑材料、地产开发，年收入约22亿，通过企企通供应商管理系统实现价值：

（1）加强与上千家供应商合作，获得更优质的采购服务，缩短采购交期；

（2）对 18 个采购品类有效整合需求，获取最优价格；

（3）改进采购管理，促进供应基础的合理化和优化，提高供应质量，降低风险；

（4）强化采购合规性管理，过程规范、信息透明，规范招标、竞价采购行为，提高采购效率。

某电商企业增效降本案例

广东省某某电子商务科技有限公司，主营电子商务，年收入约 3 亿，通过企企通供应商管理系统实现价值：

（1）规范寻源过程，询价全过程透明管理；

（2）订单线上协同，数据处理及时，提升订单准确率；

（3）规范采购业务，百余家供应商集中管理，统一平台协同，提升协同效率；

（4）对接自建 ERP 系统，打破信息孤岛，实现企业信息化一体化管理。

总之，数字化管理模式与机制是企业在数字化时代提高管理效率和效果、实现数字化转型的重要途径。通过数据驱动决策、流程优化与自动化、组织结构扁平化、跨部门协同合作、人才培养与激励以及持续改进与创新等方面的努力和实践，企业可以逐步构建起符合自身特点的数字化管理模式与机制。

第四章　商业模式的数字化转型

在数字化时代，商业模式已经发生了巨大的变革。数字化转型是企业打造成功商业模式的重要手段。数字化转型可以提高企业的效率、降低成本、优化服务等，从而实现商业模式的创新。数字化转型需要企业具备一定的技术能力和数字化思维，可以通过培训、人才引进等方式加强企业的数字化能力。数字化转型还需要企业与技术公司、创新公司等合作。数字化转型并非一蹴而就的过程，需要企业不断地迭代和改进。

第一节　商业模式创新是价值创造方式的再造

商业模式创新可以被视为价值创造方式的再造。在数字化时代，商业模式需要不断地改变，以更好地满足客户需求、提高效率、降低成本并创造新的价值。

一、商业模式的含义

商业模式是一个复杂的概念，它涉及多个相互关联的要素，这些要素共同构成了一个企业的商业逻辑。商业模式不仅描述了企业如何创造、营销和交付价值给客户，而且还包括了企业的内部结构、合作伙伴网络和关系资本等方面。商业模式的设计和执行对于企业的成功至关重要，因为它决定了企业如何盈利以及如何持续地为客户提供价值。

在文献中，商业模式这个术语有时会被模糊地使用，既可以指企业具体的商业做法，也可以指这些做法的概念化模型。为了更好地理解和分析商业模式，一些学者和从业者提出了包含一系列要素及其关系的参考模型。

商业模式包括以下关键要素。

（一）价值主张

企业通过其产品或服务向客户提供的价值是企业存在的基础。价值主张是商业模式的灵魂。它回答了企业提供的产品和服务解决客户、行业什么样的问题。

（二）目标客户群体

企业定位的客户群体具有共同的特性，使得企业能够有效地为他们创造价值。目标客户就是企业想要向其推销产品或服务的特定群体或个体，是市场营销必须回答的首要问题。

（三）分销渠道

企业用来接触客户的各种途径，包括直接销售、在线平台、合作伙伴等。渠道是营销的核心问题。对销售型企业而言，获取、链接和服务客户的渠道，是成交的基础，也是维护客群关系的保障；销售渠道的起点是生产者，终点是用户，中间环节包括各种批发商、零售商、商业服务机构等；对平台企业而言，吸引、触达、留住用户，直接决定企业能否筑巢引凤，决定平台的公信力和吸引力。

（四）客户关系

建立企业与客户之间的关系至关重要，这包括了客户服务和客户忠诚计划等多个方面。通过提供优质的客户服务，企业能够满足客户的需求，增强客户的满意度。同时，实施有效的客户忠诚度计划，可以鼓励客户进行重复购买，从而提升客户的忠诚度。这种联系不仅有助于企业保持现有客户，还能吸引新客户，最终推动企业的持续发展和盈利。良好的客户关系管理是企业成功的重要因素，能够为企业创造更大的商业价值。因此，关注客户的体验和需求，积极建立和维护这种关系，是每个企业必须重视的任务。

（五）价值配置

企业如何组织和分配其资源与活动，直接影响到其高效提供价值的能力。资源的配置方式和活动的安排是企业运作的核心，它们决定了企业在市场中的竞争力。通过合理的资源配置，企业能够优化内部流程，提升效率，从而更好地满足客户需求，实现价值创造。因此，企业在进行战略规划时，必须重视资源和活动的有效整合，以确保能够持续提供高质量的产品和服务。在这个过程中，企业不仅要考虑当前的资源状况，还需对未来的发展潜力进行评估，以便在激烈的市场竞争中立于不败之地。优化资源配置和活动安排，不仅可以提升企业的运营效率，还能增强其市场响应能力，最终实现可持续发展。

（六）核心能力

企业在实施其商业模式时，所需具备的基本能力和资质是至关重要的。这些能力和资质不仅包括行业知识、技术专长，还涵盖了管理技能、市场洞察力以及创新思维等方面。企业必须识别并培养这些关键要素，以确保其商业模式的成功运作。此外，适应市场变化和客户需求的能力也是企业持续发展的基础。因此，强化内部团队的专业素养和综合素质，能够有效提高企业的市场竞争水平。通过系统的培训与发展，企业能够提升自身的核心竞争力，从而更好地实现其战略目标和业务愿景。

（七）合作伙伴网络

企业与其他公司之间的合作关系旨在共同创造价值并实现商业利益。这种合作可以采取多种形式，涉及资源共享、技术交流以及市场拓展等方面。通过与其他企业的协作，企业能够整合各自的优势，提升竞争力，同时更有效地满足客户需求。合作不仅能够降低成本，还可以加速创新进程，使各方在激烈的市场环境中获得更大的成功。总之，企业通过建立这种战略性合作关系，不仅实现了商业化目标，也推动了行业的发展。

（八）成本结构

企业在日常运营过程中，必须考虑到多种成本构成，其中主要包括固定成本和变动成本等几个方面。固定成本是指在一定时期内不随产量变化而变化的费用，如租金、设备折旧等。而变动成本则是随着生产量的增加或减少而变化的费用，例如原材料采购费用和劳动力成本等。合理的成本结构对于企业的财务健康至关重要，能够帮助企业更好地进行预算和财务规划，从而提高运营效率和盈利能力。因此，深入理解并管理这些成本是企业成功运营的重要环节。

（九）收入来源

企业通过不同的收入来源来创造财富，如产品销售、订阅费等。

理解这些商业模式要素以及它们之间的关系，可以帮助企业优化其商业策略，提高竞争力，并实现可持续的增长。

这里，我们认为：商业模式是企业运营的基本框架，它描述了企业如何创造和交付价值，以及如何获取利润。商业模式包括价值主张、目标市场、价值链、收入来源等要素，它们相互关联和相互支持，共同形成了企业的商业模式。

二、商业模式的设计

泰莫斯（Timmers）对商业模式的定义强调了它作为一个包含产品、服务和信息流的完整系统，涉及所有参与者的角色、潜在利益以及收益来源和方式。在分析商业模式时，重点在于理解企业如何与市场中的用户、供应商和其他合作伙伴互动，特别是物流、信息流和资金流方面的交互。

商业模式设计是商业策略的一个关键组成部分，它涉及对企业如何创造、交付和捕获价值的高级规划。而将商业模式转化为实际操作，包括将其嵌入公司的组织结构、工作流程、人力资源、IT架构和生产线等，则是商业运作的一部分。

在区分术语时，业务建模通常指的是在操作层面上对业务流程的设计，即如何具体地执行业务活动。而商业模式和商业模式设计则是指在公司战略层面上对商业逻辑的定义，即企业如何选择和执行其商业策略以创造价值。

总的来说，商业模式是连接企业战略和日常运营的桥梁，它确保了企业的资源和活动能够有效地协同工作，以实现长期的商业成功。

商业模式的创新不仅仅是技术的问题，更涉及企业如何组织资源、如何与合作伙伴和客户建立关系、如何设计产品和服务、如何创造价值并获取收益等多个方面。

数字化技术为商业模式的创新提供了强大的工具和平台。利用大数据、人工智能、物联网等新兴技术，企业可以更加精准地洞察客户需求，实现个性化定制和精准营销；可以优化生产和服务流程，提高效率和质量；可以建立数字化的生态系统，与合作伙伴和客户实现更加紧密的连接和协作。

同时，商业模式的创新也需要企业具备开放的心态和跨界的思维。企业需要打破传统的思维模式和行业界限，寻找新的合作伙伴和资源，探索新的商业模式和价值创造方式。

因此，商业模式的创新是一个综合性的过程，需要企业在技术、组织、市场、合作等多个方面进行综合考虑和规划。通过不断的创新和再造，企业可以创造出更加符合客户需求和市场趋势的商业模式，实现持续的发展和竞争优势。

三、商业模式对企业的作用和影响

（一）创造竞争优势

商业模式是企业创造和传递独特价值的核心，进而形成其竞争优势的基础。通过提供差异化的价值主张、构建高效的价值链以及采用创新的盈利模式，企业能够在竞争激烈的市场中脱颖而出，获取显著的竞争优势。这种模式不仅帮助企业满足客户需求，还能有效提升市场地位，使企业在行业内保持领先。总之，灵活而独特的商业模式是企业成功的关键，能够帮助其在复杂的市场环境中保持持久的竞争力。

（二）提供增长和扩张的机会

企业的商业模式为其提供了实现增长和拓张的可能性。通过对商业模式的优化与创新，企业不仅能够进入新的市场，还能够增加其市场份额，从而确保业务的持续发展。有效的商业模式能够帮助企业识别潜在机会，引导其在竞争激烈的环境中脱颖而出。通过灵活调整和创新，企业能够适应不断变化的市场需求，实现更高水平的增长。这种战略性的发展思维使企业在动态的经济环境中保持活力，从而在未来的竞争中占据有利地位。总而言之，商业模式的有效管理和创新是企业实现长期成功的关键因素。

（三）驱动创新和变革

企业成功的关键在于商业模式的持续创新与变革。随着市场环境和技术的发展变化，企业必须不断地调整和优化其商业模式，以便更好地满足新兴需求和抓住机会。适应这些变化不仅是生存的必要条件，更是提升竞争力的重要举措。不断探索新的商业模式，有助于企业抓住行业趋势，迎合消费者的期望，从而实现可持续发展。因此，创新与调整商业模式应成为企业战略规划的重要组成部分。

（四）提高运营效率和资源利用效率

商业模式可以帮助企业提升运营效率和资源利用效率。通过优化价值链和利润模式，企业可以实现资源的最大化利用，提高生产效率和经营效益。

商业模式是企业运营的核心，它决定了企业如何创造和交付价值，实现竞争优势和持续增长。商业模式对企业的作用包括创造竞争优势、提供增长和扩张机会、驱动创新和变革，以及提高运营效率和资源利用效率。通过创新和演进商业模式，企业可以实现持续发展和成功。

第二节　企业数字化商业模式创新指引

随着新兴数字技术的发展，人类社会迎来了数字经济时代。进行数字化转型升级能够为企业发展提供强劲动力，进一步降本提效，实现高质量、高水平发展。而进行商业模式创新以适应数字化发展已然成为企业生存发展、获取所处技术社会生态系统优势地位的普遍共识。

一、商业模式创新的特点

商业模式创新有如下几个明显特点：

（一）商业模式创新与技术创新在关注点和出发点上有着显著的区别

商业模式创新更加侧重于从人的需求和行为的视角来思考和设计企业的行为，它更多地关注和涉及企业的经济因素，而不仅仅是技术本身。这种创新方式强调的是如何利用现有的技术或资源，通过不同的方式来创造和捕获价值。

相比之下，技术创新通常关注技术的特性和功能，探索技术能够实现的应用和市场潜力。技术创新的焦点是如何开发新的技术或改进现有的技术，以满足市场的需求或创造新的市场需求。

商业模式创新在考虑技术时，更多地关注技术的经济方面，例如技术的成本效益、市场接受度、盈利潜力等，而不仅仅是技术本身的特性。这种创新可能会涉及如何将技术整合到现有的商业模式中，或者如何创造全新的商业模式来利用技术的经济价值。

总的来说，商业模式创新是一种更为综合和战略性的创新方式，它不仅考虑技术，还考虑市场、用户需求、成本结构、收入模式等多个方面，旨在通过创新的商业逻辑来实现企业的增长和盈利。

例如质量是产品的主要特性，传统的质量控制方法和全面质量管理体系都是为了满足用户的需要。但是在过剩经济时代，消费者要求更高了，要求对产品质量进行溯源，本质上是解决信任问题。于是就衍生出 MES 系统（即制造企业生产过程执行系统）的开发与应用，主要解决工序实时质量反馈问题，尽管这里用到了数字化技术，但是它解决的是用户的交换价值问题。再比如设备远程诊断，不仅要在车间建立 SCADA 系统（即数据采集与监视控制系统）采集与传输数据，还要利用互联网工具解决服务化体验问题，同时这也是商品交易的一种结算方式，通过租赁方式为用户提供融资服务，显然这些技术与其他生产条件的组合就是商业模式的创新。

（二）商业模式创新呈现出更加系统化的特点

它不仅仅是单一要素的变革，而是常常涉及商业模式的多个要素的同时变革。这种变革需要企业组织进行较大的战略调整，因此可以被视为一种集成创新。

技术创新通常是指有形实物产品的生产过程，但现在我们生活在一个以服务为主导的时代，因此商业模式创新也常常涉及服务创新。成本/价格是用户第二个重要价值诉求。除了通过工艺技术和数字技术降低生产制造成本外，降低交易过程的成本的方式显然就是服务创新。说到交易就涉及交易对象、交易时间、交易渠道、交易主体和交易资讯。如果交易对象是物资，交易渠道可以是线下的市场和线上的电子商务；交易主体可以是供需双方也可以是代理方，对中小企业交易主体而言，通过第三方采购平台能够解决个性化订单与上游规模化生产的矛盾，这就是所谓网络化协同。目前在市面上很多自诩为互联网平台的公司并没有很好地起到这方面的作用，因为平台的网络化协同必须具备三种能力：一是分散订单集成能力，二是市场分析能力，三是对上游销售体系的洞察和协调能力。

如果交易对象是技术，交易主体是企业和人才，那么线上交易渠道是交易时间最短的，所谓线上开发者社区就是这种模式的创新，这种模式主要解决的是个性化定制问题，需要特别指出的是定制包括个性化设计、个性化采购、个性化制作，企业是以用户来创造价值的，因此，不能因为片面夸大某一方面个性化的作用而影响企业的整体效益。特别是对于中小企业而言，他们不可能培养那么多“专精特新”人才，而各个专业领域的高手都在民间，通过互联网可以实现这些人才与所需企业的精准匹配。

随着互联网技术的不断应用，制造成本也可以向交易成本转移，以人力资源为例，企业临时性的工作可以外包，高端人才可以“外借”，这几年 IT 领域兴起的 SaaS 模式（软件即服务）就是代表，这种模式不仅帮助企业解决关键技术问题，而且项目收费不高，把服务商利益与企业可持续发展紧密结合起来。

（三）从创新过程的可见性来看，商业模式创新越来越“隐蔽”

因为创新的软件化越来越明显，软件定义功能的特征越来越明显，即便提供的产品或服务变化不大，也能给企业带来更持久的盈利能力与更大的竞争优势。

传统的创新方式可能只会导致企业在某些方面的效率和成本控制方面有所改进，但这些改进往往很快被竞争对手效仿。相比之下，商业模式创新不仅同样能够提升效率和降低成本，而且其具备系统性（或软件化）的特点，以及涉及多个要素的同步整合，使得竞争对手难以轻易复制，从而为企业带来更长久的健康竞争优势。这里可以交付为例，为了提高产品交付的快捷性，许多企业很早以前就建立了全面计划管理体系，但这个体系在企业实际生产过程中经常遇到尴尬现象：订单不足、插单、高库存、物流不畅等。为了解决这个问题，这几年有些企业使用了 APS（高级计划与排程）系统、ERP（企业资源计划）系统和仓储物流管理系统。

二、企业数字化商业模式创新

管理大师德鲁克曾经说过一句名言：“当今企业之间的竞争，不是产品竞争，而是商业模式之间的竞争。”企业数字化商业模式创新是一个涉及多个方面和步骤的复杂过程。在《商业模式新生代》这本书中，作者奥斯特瓦德提出了一个包括九个模块的商业模式画布，旨在帮助企业从客户、资源和能力等方面去理解和设计商业模式。这 9 个模块分别是：客户细分、价值主张、渠道通路、客户关系、关键业务、核心资源、重要合作、成本结构和收入来源。这些模块形成了一个完整的商业模式框架，可以灵活地应用于不同的行业和情境。结合奥斯特瓦德提出的商业模式画布，我们这里总结如下。

（一）洞察市场和客户需求

具体包括：

（1）企业需要对目标市场和客户进行全面的分析，以便识别他们的真实需求和面临的挑战。

（2）借助大数据和人工智能技术，企业能够深入挖掘客户的行为模式和购买习惯，从而更好地服务于他们。

（3）与客户保持密切的互动也是至关重要的，企业可以通过社交媒体、在线社区等渠道，积极收集客户反馈，及时调整策略，以满足客户的期望和需求。通过这些措施，企业能够更加精准地把握市场动态，提升客户体验。对市场和客户进行深入分析，了解他们的需求和痛点。

（二）评估现有商业模式

对企业目前的商业模式进行深入分析，以识别其优点和缺陷。同时，评估数字化技术对现有商业模式所带来的影响以及面临的挑战。这一过程需要全面考虑技术变革如何改变企业的运营方式，进而影响其市场竞争力。在分析中，应重点关注数字化转型是否能够提升企业的效率、降低成本，或者是创造新的商机。同时，还需留意技术带来的风险和适应性问题，确保企业能够在快速变化的市场中保持灵活应对的能力。通过这种方式，企业能够更好地利用数字化技术，优化自身的商业模式，增强在行业中的竞争优势。

（三）制定数字化战略

明确数字化转型的目标和愿景是至关重要的。应制定出一套详尽的数字化战略，涵盖技术选择、投资计划以及人才的培养等方面。这一战略将为实现数字化转型提供清晰的方向，确保各项举措能够有效实施，从而推动企业在数字化时代中的持续发展。通过合理的技术转型，企业可以提升效率和竞争力，而科学的投资规划则有助于资源的最优配置，人才的培养不仅能为企业注入新鲜血液，还能为转型提供必要的技术支持和创新动力。总之，综合考虑这些因素，将为成功的数字化转型奠定坚实的基础。

（四）创新产品和服务

（1）通过数字技术的应用，研发全新的产品或服务，以满足客户的个性化需求和偏好。

（2）对现有产品和服务进行优化升级，以提升用户的使用体验和满意度。

（五）重塑业务流程和组织结构

（1）对业务流程进行数字化改造，提高效率和质量。

（2）调整组织结构，建立跨部门的协同机制，推动数字化转型。

（六）构建数字化生态系统

（1）与合作伙伴、供应商等建立数字化合作关系，共同创造价值。

（2）通过平台化、生态化的方式整合资源，打造数字化的生态系统。

（七）持续优化和创新

（1）不断收集客户和市场反馈，持续优化产品和服务。

（2）关注新兴技术和发展趋势，持续创新商业模式。

(八) 培养数字化人才和文化

(1) 加强数字化人才的培养和引进，建立数字化人才队伍。

(2) 营造数字化文化氛围，鼓励员工积极参与数字化转型和创新。

总之，企业数字化商业模式创新是一个持续不断的过程，需要企业全面考虑市场、客户、技术、组织等多个方面。通过制定明确的数字化战略、创新产品和服务、重塑业务流程和组织结构、构建数字化生态系统等步骤，企业可以逐步实现数字化商业模式的创新和转型。

第五章　企业运营的数字化转型

企业运营的数字化转型能够带来运营效率的提升。通过引入自动化、人工智能等技术，企业可以优化业务流程，减少烦琐的人工操作，从而提高生产效率和资源利用率。例如，在生产制造领域，通过智能制造系统可以实现设备自动化控制和数据实时监测，从而大幅提升生产效率和质量。

数字化转型还促使企业运营模式的创新。传统的线下销售模式逐渐演变为线上线下融合的新零售模式，通过数字化技术实现了用户线上浏览、线下体验、多渠道购买的全新消费体验。此外，共享经济模式的兴起，也为企业提供了新的商业机会，通过共享资源、共同创造价值，实现了运营模式的创新。同时，数字化转型也带来了企业客户体验的革新。通过数据分析和个性化推荐，企业可以更加精准地满足消费者的需求，提供个性化、定制化的产品和服务。在数字化时代，企业可以通过多渠道互动，建立更加紧密的客户关系，提升客户忠诚度和满意度。

第一节　数字化生产与供应链

数字化生产与供应链是指利用先进的信息技术，如大数据、云计算、物联网等，对生产和供应链环节进行数字化改造和优化，实现更高效、精准和可持续的生产与供应链管理，数字化生产与供应链的核心要素和优势如下所述。

数字化生产的核心要素有：

（一）智能制造

利用机器人、自动化机械、传感器等先进技术，企业可以实现生产过程的自动化和智能化。这些技术的引入不仅能够显著提升生产效率，还能改善产品的质量。通过自动化设备的运用，生产线的工作能够更加高效，与人工操作相比减少了错误率。同时，作用传感器可以实时监测生产状态，确保每一个环节都保持在最佳条件下运行。机器人在完成重复性工作方面表现出色，使得人力资源可以被重新分配到更具创造性和战略性的任务上，从而推动企业的整体发展。因此，这些现代技术的整合，使得生产过程变得更加高效、智能和高质量，适应市场的快速变化和消费者对产品质量的高要求。

（二）数字化工厂

构建数字化工厂模型，以实现生产流程的可视化、可控制及可优化。这一举措旨在提升生产管理的精细化和智能化水平。通过这一模型，企业能够实时监测生产状态，及时调整和优化各项环节，从而提高生产效率和减少资源浪费。同时，数字化工厂的实施还将帮助管理者更好地掌握生产动态，做出更加精准的决策，推动整体生产能力的提升。此外，借助先进的信息技术，企业可以实现对生产过程的全方位管理，进一步提升管理水平，确保在激烈的市场竞争中保持优势。通过这些努力，数字化工厂不仅能够提高生产质量，还能促进企业的可持续发展，推动行业的智能化转型。

（三）个性化定制

借助大数据和人工智能技术，可以分析消费者需求和行为，从而实现产品的个性化定制和生产，以满足消费者日益多样化的需求。

数字化供应链的核心要素有：

（一）供应链可视化

通过分析过去的销售数据和市场的发展趋势，我们可以进行更为准确的需求预测。这一过程能够帮助我们制定出更加精细化的供应链规划，从而有效地维护供应链的稳定性和灵活性。借助这些信息，企业能够更好地应对市场变化，优化资源配置，确保在需求波动时，能够及时调整策略，以满足客户的需求。此外，这种基于数据的决策方式也有助于减少库存成本，提高整体运营效率。因此，充分利用历史数据和市场趋势不仅是提升供应链管理水平的必要手段，更是实现企业可持续发展的重要策略。

（二）需求预测与计划

通过分析历史销售数据与市场发展趋势，我们可以进行更为精准的需求预测。这一过程将帮助我们制定出更有效的供应链计划，从而提升供应链的稳定性与灵活性，确保在面对市场变化时，能够及时调整供应策略，以满足消费者的需求并保持竞争优势。

（三）协同与整合

构建一个跨部门的合作机制，旨在整合供应链各个环节的信息与资源，以实现供应链的高效运作和迅速响应。通过这种协同方式，各部门能够更好地共享数据，优化资源配置，从而提高整体效率。这样不仅能够加快响应市场变化的速度，还可以增强供应链的灵活性，确保各项业务活动顺畅进行。此举将有助于促进各方协作，最终实现供应链管理的优化和提升。

（四）精准控制

数字化技术的应用使得对生产流程和供应链的监控变得更加精准。这种精准控制不仅能够提升产品的整体质量，还能有效降低次品率。通过实时数据的分析和反馈，企业能够及时发现并解决生产中的问题，从而优化各个环节的运作。这种技术的引入，为企业提供了更高效的管理工具，使得生产过程更加透明，减少了资源的浪费，确保了产品能够达到更高的标准。因此，数字化技术在提升产品质量和减少不合格品方面的作用愈发显著，成为现代制造业不可或缺的重要组成部分。

（五）增强灵活性

数字化技术的应用使企业能够迅速适应市场的变化和满足消费者的需求，从而显著提升了生产和供应链的灵活性。借助这些先进的技术，企业能够实时获取市场信息，进行快速决策，优化资源配置。这种灵活性不仅体现在生产流程的调整上，还包括供应链管理的实时监控与反应，确保产品能够及时满足用户的需求。通过数字化手段，企业能够提升运营效率，减少响应时间，进而在竞争激烈的市场中占据优势。因此，数字化转型已成为现代企业应对市场动态、提升客户满意度的重要策略之一。

（六）促进可持续发展

数字化技术为企业提供了优化资源使用和保护环境的有效手段，这些技术的应用不仅提升了资源配置的效率，也为企业的可持续发展奠定了基础。通过数字化的手段，企业能够更加精准地掌握资源的使用情况，从而减少浪费，实现更高效的运作。此外，这些技术还能够帮助企业在生产过程中降低对环境的影响，推动更环保的经营模式。因此，积极采用数字化技术不仅是企业在激烈竞争中保持优势的关键，也是实现长远发展和社会责任的重要途径。随着数字化转型的深入，企业在可持续发展方面将能够取得更显著的成效，走向更加绿色和高效的未来。

案例分析

“走进数智致远——探寻IT企业运营数字化转型的最佳模式与升级之道”交流会上，致远互联数智中心总经理李时齐，以十余年企业数字化转型经验，做了“IT企业运营数字化转型”的主题分享，深入探讨了数字化转型的最佳模式和升级路径，并从企业战略发展、数字化蓝图规划、转型价值及 COP（协同运营平台）实践四个方面进行分享。

以下为李时齐现场分享全文：

企业战略发展要求

企业应该如何做数字化转型？企业实现数字化运营首先必须认清企业当前的发展阶段。企业数字化转型的三个阶段：信息化初创期从打基础开始，主要围绕办公构建精细化的管理能力，满足企业常规的业务运行；数字化成长期主要围绕业务构建精细化业务运营体系，满足企业基于数据洞察、分析的能力；数字化深化期主要围绕上市，构建内控合规精细化管控体系，满足企业合规风控、智慧决策及智能运营的要求，最终成为数智驱动的智慧企业。

企业数字化蓝图规划

企业如何制定数字化战略？基于企业发展现状，评估与战略匹配的数字化需求，既要摸底企业数字化现状，开展一系列的访谈，对照标杆企业识别差距，又要建设与战略要求相匹配的总体应用架构，从门户与技术平台、企业管理、运营、业务、决策等方面进行数字化应用规划，并且要考虑系统之间的定位和集成关系。数字化转型不是一蹴而就的，整体规划需要采取总体规划分步实施的策略，明确主要任务、关键成功因素及风险点和难点。

企业在做数字化战略规划时，要深切关注企业的战略目标及经营痛点。首先确定转型的阶段目标，比如成为数智驱动的企业，就要实现战略性业务的转型，智能驱动企业核心的产品和业务的健康发展，同时还要围绕企业的核心产品、服务及客户特点打造统一的作战平台，在平台之上还要锁定最核心的业务及对应的系统，且每个系统在不同的阶段目标也会有所不同。

企业数字化转型的具体目标应该如何制定？这需要根据企业的发展阶段和业务痛点，设定相对客观且可实现的转型目标，目标不能太高但要能解决当下的实际问题，列举企业核心待解决的业务问题，并围绕核心问题形成数字化需求方案，再选择与之匹配的数字化平台，形成数字化建设核心目标。

企业数字化转型价值

数字化可以为企业带来哪些方面的成果价值？由于数字化转型对不同规模的企业、不同发展阶段、不同行业、不同领域有着不同的目标，下面我尽量列举一些企业数字化转型过程中相对通用的成果给大家做举例分享。

我们以一家软件企业的数字化转型举例分享，首先建设成果还要从战略管控、业务运营、管理支撑和技术底座四个部分展开，其中包含围绕企业顶层战略管控的战略决策系统 BI（商务智能）、绩效目标管理，业务运营的销售、服务、产品开发，管理支撑的财务共享、人力资源和合规风控，以及统一的致远互联协同运营平台底座，加上大数据和 AI 智能部分，当然在用户界面上也需要更丰富的多终端接入。

企业数字化 COP 实践

十几年来，我作为一位长期数字化转型升级的实践者，在数字化技术的发展过程中也经历过多次系统选型、更换、迁移等等，从烟筒式系统逐步整合成 AI-COP 数智化协同运营平台，以上与大家分享的内容都可以在一套 AI-COP 协同运营平台上实现，下面介绍一下 AI-COP 协同运营平台，为什么会是企业数字化转型的最佳选择呢？

谋新思变企业的应对之道应该围绕以人为中心、去中心化、数据驱动、智能化四个方向去思考规划。

首先以人为中心，赋能个人和组织。人与人，人与组织的协同效率是未来企业提升效率的关键，关注行为与绩效，提高人员效率，形成去中心化即开放、扁平化、平等化的结构，帮助企业建设柔性、灵活的业务和管理架构，以快速调整，快速发展。

去中心化强调共享服务能力：降低复杂性、提高可重用性和业务敏捷性，从而最大化企业效能。数据驱动企业快速响应需求，提升业务和运营效率，驱动企业科学决策，驱动产品创新和管理创新，驱动价值网络再造，智能化即智能运营、分析、决策，帮助企业实现运营管理的良性自循环，增强企业对业务和管理、现在和未来的掌控力，智能化的企业将彻底激活企业的自我协同效能。

我们看一下致远互联协同运营产品、平台、解决方案和云服务的服务地图，为企业提供协同办公、协同业务、数智运营，实施 AI-COP 双技术平台战略，即 V5 协同应用平台和 V8 协同应用平台，将面向不同的客户提供最佳的数字化转型平台，在产品及解决方案中提供轻咨询、企业产品、政务产品等，与 5 万家客户共建出了 200 多个解决方案，应用定制 10 万多个，生态应用 300 多个，协同云服务也将与伙伴、客户连接在一起，为企业数字化成功转型服务。

（来源：致远互联官网。引用有改动）

总的来说，数字化生产与供应链是企业数字化转型的重要组成部分，数字化转型可以帮助企业实现更高效、精准和可持续的生产与供应链管理。这需要企业积极引进和应用先进技术，建立完善的数据分析和决策体系，培养具备数字化思维和技能的人才团队。

第二节　销售与运营端的基础数字化思维

随着大数据技术的广泛应用，众多企业开始采纳数字化思维来进行市场营销。那么，数字化思维营销究竟是什么呢？简而言之，它是一种营销策略，通过分析用户的行为数据来深入了解数字化品牌、用户体验、用户需求、产品创新和售后服务等方面。其目的是在未来的交易中尽可能准确地预测客户行为，从而更有效地推广自己的产品并为用户提供价值。这种方法不仅节省了用户的时间，还提高了他们的效率。数字化营销通过收集和分析大量用户信息，精确描绘用户画像，预测潜在用户的购买可能性，并实施有针对性的个性化营销。因此，数字化营销需要先进行一定程度的数据积累，并且要求具备数据分析能力，以便构建出最贴近真实的消费者画像，并据此提供有效的营销指导。

一、销售端的数字化思维

（一）客户数据分析

对客户的数据进行收集与分析，涵盖其购买历史、个人喜好及行为模式等各个方面，从而制定出更加精准的销售策略。通过深入了解客户的需求和习惯，我们能够识别出潜在的市场机会，并优化产品推广方案。这一过程不仅帮助我们更好地理解客户的期望，还能够有效提升客户满意度和忠诚度。最终，基于这些数据分析的销售策略将使我们在竞争中占据优势，确保业务的可持续增长。

（二）销售预测

通过分析历史销售记录与市场动态，进行预测性分析，以确定最合适的销售时机和库存管理水平。这一过程涉及对以往销售数据的深入挖掘，结合当前的市场趋势，识别出能够最大化销售效益的时点。同时，合理的库存水平也是确保业务顺利进行的重要环节，通过数据驱动的方法，可以有效降低库存成本，避免产品积压或缺货的情况出现。最终，通过这种系统化的分析手段，企业能够在激烈的市场竞争中把握商机，实现销售业绩的提升。

（三）渠道优化

对各类销售渠道的效能与成本进行深入分析，旨在寻求最佳的渠道组合，从而提升整体销售成果。通过评估不同渠道的表现，我们可以识别出哪些渠道在成本效益上更为理想。此过程不仅包括对现有渠道的审视，还需考虑潜在的新渠道，以确保资源的合理配置与使用。最终，优化后的渠道组合将有助于增强销售业绩，确保企业在竞争中处于优势地位。因此，系统性地分析与优化销售渠道是提升销售效果的关键步骤。

（四）客户互动数字化

通过社交媒体、电子邮件以及手机应用等多种途径，与客户进行实时交流，不仅能够提升他们的满意度，还能增强客户的忠诚度。利用这些现代化的沟通工具，企业可以及时响应客户的需求和反馈，从而建立更加紧密的关系。这样的互动方式使得客户在获得服务和产品信息时，感受到更高的关注和重视，进而增加他们对品牌的信任感。此外，主动的沟通还能够帮助企业了解客户的期望和偏好，进一步优化产品与服务，满足客户的多样化需求。因此，保持与客户的即时互动是提升客户体验和维护客户关系的重要策略。

二、运营端的数字化思维

（一）流程优化

通过对数据进行深入分析，识别出运营流程中的瓶颈和低效环节，进而对这些流程进行重组，以实现效率的提升。

（二）供应链管理

通过应用数据分析技术，可以有效地提升供应链管理的效率。这一过程确保了原材料和成品能够按时供应，从而避免因缺货而造成的损失。此外，优化后的供应链有助于降低库存成本，提升整体运营效益。借助数据分析，企业能够实时监控供应链各环节，做出更为精准的预测与决策，从而在动态市场环境中保持竞争力。通过这样的方式，不仅能够提高供应链的灵活性，还能实现资源的合理配置，最终达到提升客户满意度和企业盈利能力的目标。

（三）生产效率提升

通过对生产数据的收集与分析，可以有效识别出生产过程中的浪费现象以及潜在的改进空间。这一过程有助于发现效率低下的环节，从而采取相应的措施来优化生产流程。通过深入的分析，企业能够明确在哪些方面存在资源的浪费，进而制定出针对性的改进策略。这不仅能够提升生产效率，还能降低成本，提高整体的生产力。最终，通过持续优化生产过程，企业将能在激烈的市场竞争中占据有利位置，增强其长期发展的能力。

（四）质量控制

通过应用数据分析技术，我们能够有效监控产品的质量，及时识别和处理潜在的问题。这种方法不仅帮助我们发现可能影响产品标准的因素，还确保最终产品能够满足各项质量要求。借助数据分析，我们可以实时跟踪产品在生产过程中的各个环节，及时做出调整，从而提升产品的整体质量水平。这样的监控机制使我们能够在问题变得严重之前采取措施，确保产品始终符合行业标准和客户期望。数据分析的运用，为我们提供了更为科学的决策依据，使得产品质量管理变得更加高效和精准。通过持续的质量监控和优化，我们能够建立起更为严谨的质量保障体系，为客户提供更加优质的产品。

三、跨部门的数字化协同

（一）数据共享

构建一个跨部门的数据共享系统，以确保销售和运营团队能够在第一时间获取所需的信息。这一机制的实施将有助于提升决策的效率，使团队能够更快速、更准确地做出反应，适应市场变化。通过实时的数据访问，销售人员与运营团队能够更好地协同合作，利用共享的数据资源，优化工作流程。这样的数据共享不仅能打破“信息孤岛”，还能够推动各部门之间的沟通与协作，从而提升整体的业务表现。最终，建立这一机制将为企业带来更高的灵活性和竞争力，确保各项决策始终基于最新和最准确的数据。

（二）目标协同

通过分析数据，明确销售与运营之间的共同目标，可以确保这两个部门在业务发展的过程中实现紧密协作。这种协调不仅能够提升工作效率，还能促进资源的合理配置，确保公司整体战略的顺利实施。通过建立清晰的目标，销售和运营团队可以在各自的职能范围内更好地配合，形成合力，推动企业向前发展。高效的协同工作方式能够使企业更灵活地应对市场变化，提升竞争力，最终达成预期的商业成果。因此，持续的数据分析和反馈机制将是维护这种协同关系的重要手段，确保两者始终朝着相同的方向努力，助力企业实现长远发展。

（三）反馈机制

建立数字化反馈机制，确保销售团队能够及时了解运营端的改进和变化，反之亦然，从而实现双向优化。

总的来说，销售和运营端的数字化思维强调以数据为驱动，通过收集、分析和应用数据来优化业务流程、提高效率和客户满意度。这需要企业建立完善的数据收集和分析体系，培养具备数字化思维的人才团队，并推动销售和运营团队之间的紧密协同。

四、数字化思维的营销

（一）企业应从销售导向转变为营销导向

在物资匮乏的时代，产品一经生产就能吸引大量购买者，价格成为决定产品竞争力的主要因素。然而，随着科技的发展和生活水平的提高，销售变得更加注重价值。产品的美观、用户体验、节省时间和提高效率的能力，以及感人的产品故事，都成为价值的体现。价格虽然仍是价值的组成部分，但已不再是衡量产品竞争力的唯一标准。转向营销导向意味着从关注产品价格转向关注产品价值，从追求客户转向吸引客户，以客户为中心，创造价值，提高个性化服务的价值，而不是仅围绕低价竞争。

（二）企业应从“先产后销”转变为“先销后产”或“产销同步”的模式

传统销售方式是先生产产品，然后销售，通过宣传产品功能、质量和价格来促进销售。而数字化思维的销售模式应该是基于销售需求来生产，或者销售与生产同时进行，通过数字化分析预测用户购买意愿和潜在客户群体，将用户需求纳入生产过程，从而避免库存积压的问题。

（三）企业需要建立合理、准确、及时、详尽的数据库渠道和交易数据库

数据能够提供完整准确的结论和预测客户行为，帮助企业实现精准营销和主动出击。大数据和数字化营销思维在营销端的应用至关重要。通过收集客户交易数据和行为数据，企业可以完善客户画像，预测未来的产品需求和售后服务需求。利用直播和社交媒体营销也可以获取对企业产品感兴趣的精准用户信息，基于大数据分析，确定最适合企业的客户和需求，并向意向客户推送个性化产品推广信息。

（四）企业应从追求流量转向追求“留量”

传统的外贸销售模式是被动响应客户询盘，而企业应该追求的是质量而非数量，将流量转变为留量，变被动服务为主动服务，推动“获取流量—精准服务—高效转化—沉淀留存—信任裂变”的良性循环。企业应从用户体验出发，设计营销策略，提升服务价值，进入下一个“留量”的良性循环。例如，利用大数据平台进行企业背景调查，分析成为其供应商的条件和优势，提出合理的报价，以提高转化率。即使竞争失败，也要及时复盘，总结原因。

（五）企业需要优化售后服务

销售的成功离不开服务的支持。例如，设立海外仓或海外分公司，不仅适用于大企业，中小企业也可以考虑。疫情期间，国际展会参与风险增大，但如果有当地海外分公司，问题就迎刃而解。如果条件不允许，可以制作专业的售后服务手册或视频教程。在当地销售或提供售后服务效果更佳。大企业可以直接设立海外分公司，中小企业可以寻找兼职或代理，逐步积累业务，定期培训代理，待当地市场成熟后再增加售后投入。

总之，企业应培养数字化思维，将数字技术与传统外贸有机结合，以数

据驱动为核心，提高生产率，突破时空限制，减少中间环节，降低贸易成本，提升贸易便利化水平，增强创新能力，促进新业态发展，推动贸易的质量变革、效率变革和动力变革，助力贸易高质量发展，帮助中国产品更好地走向世界。

第三节　全客户生命周期管理流程

什么是生命周期管理呢？当我们谈起对于客户全生命周期的管理时，指的是企业应该通过系统化的方法，管理和优化与客户交互的每一个阶段或环节。具体来说，公司对于每一个客户阶段，都要做到以下几点：

（1）给每个阶段制定明确的任务，并制定结果指标。

（2）对客户在每个阶段的情况和数据实施监控与跟踪。

（3）持续改进与客户互动的各个接触点，以最终增强客户体验。

做好客户全生命周期管理，你能够：

（1）将客户旅程拆分为具体的阶段，帮助公司理清思路，进行分阶段的指标化管理；

（2）让负责各个阶段的团队都具有明确的目标和方向，推动增长飞轮有序转动；

（3）构建以客户全生命周期为核心的团队和服务模式，确保整个公司都围绕客户需求进行运作。

因此，随着越来越多的公司采纳客户全生命周期的管理策略，企业收入得到了增长。

一、客户的生命周期各个阶段

客户的生命周期旅程具体分为哪几个阶段呢？各家公司由于自身业务不同，也有不同的生命周期分割方式。这里我们把客户生命周期分为获取、激活、转化、留存、推荐五个阶段。

（一）第一阶段：客户获取

客户获取是公司与客户接触的第一个阶段，公司的产品和服务第一次被客户所知晓。该阶段的团队目标是：让尽可能多的客户了解公司的产品或服务，并提起兴趣。

公司获取客户有多种方式：

1. Inbound 市场营销（入站营销）

通过内容营销、社群活动、搜索引擎优化等方式传递内容和价值，击中客户需求，从而让客户主动找上门。比如，某地产行业综合解决方案公司，在各大平台上分享地产公司使用数字化软件提高管理效能的案例。客户浏览完相关内容后，通过搜索找到了他们的官网，主动联系该公司销售。

2. Outbound 市场营销（出站营销）

通过电销、广告等方式让客户接收到你们的品牌信息，进行触达。例如，同样的公司搜索得到了各市房地产公司的联系方式，并进行电话销售，获取客户线索。

在该阶段，公司需要思考以下几个问题：

（1）产品或服务能解决什么样的客户痛点，目标客户画像是否精准？

（2）营销内容发布的渠道和方式是否有助于准确、大量、高效地获取到目标客户？

（3）公司的宣传内容给潜在客户留下了什么样的第一印象，是否符合公司品牌形象？

（4）客户感兴趣后能否快速找到公司的官网或联系方式？

（5）是否对市场的线索获取进行了数据统计，方便精细化运营？

（二）第二阶段：客户激活

如果客户在了解企业提供的服务之后，表现出了兴趣（如主动进入公司官网、主动电话咨询等），客户生命周期便进入了客户激活阶段。在这个阶段，客户会根据产品为他们提供的价值，仔细考虑是否购买。该阶段的团队目标是：想尽办法争取有兴趣的客户，以促成转化。

在该阶段，公司需要思考以下几个问题：

（1）产品或服务能给客户提供什么样的价值？和竞品有什么差异化优势？

（2）产品介绍等内容是否能快速体现出产品的价值和优势，成功吸引客户？

（3）对于重要客户的需求点，是否需要专门设计解决方案？

（4）如果客户感兴趣，他们是否能快速找到付费入口或联系到销售？

（5）是否有针对线索转化率的数据统计，并在此基础上进行流程和方法优化？

（三）第三阶段：客户转化

在客户转化阶段，客户会购买企业的产品或服务，真正转化为产品的实际用户。该阶段的团队目标是：让客户快速完成付费，并帮助他们开始上手使用。

在该阶段，公司需要思考以下几个问题：

（1）客户是否能快速方便地自助或通过销售付费？

（2）产品能否成功交付给客户？特别是交付难、周期长的产品或服务，客户是否能有顺畅的交付体验？

（3）公司有没有做好客户的培训和新手引导？

（4）是否有针对付费、回款率等相关的数据统计，并在此基础上进行流程和方法优化？

（四）第四阶段：客户留存

在客户留存阶段，客户会通过企业提供的产品或服务实现价值，并考虑进行复购和增购。该阶段的团队目标是：持续服务好客户，让客户有良好的使用体验和满意度，从而使客户进行续费和增购。

在该阶段，公司需要思考几个问题：

（1）是否及时进行了客户的行为和反馈收集？

（2）针对客户遇到的问题，是否做了主动而及时的跟进和解决？

（3）对客户的健康度或是活跃情况，公司是否进行了专门的数据监控？是否能够及时预判客户的流失风险？

（4）是否对于客户的续约、续费情况有系统化和自动化的管理？

（五）第五阶段：客户推荐

在客户推荐阶段，客户已经通过产品或服务实现了价值，并希望能够推荐给其他人。该阶段的团队目标是：让客户将公司的产品分享、推荐给其他人，产生用户裂变。

在该阶段，公司需要思考几个问题：

（1）产品是否足够出色到客户愿意进行推荐？

（2）能否设计一些机制或活动，提升客户分享或推荐的动力？

二、如何做好客户全生命周期的管理

如何做好客户全生命周期的管理呢？主要包括以下两个方面。

（一）重视客户成功

客户全生命周期管理和客户成功脱不了关系。一方面，想做好客户全生命周期管理，离不开客户团队的参与。客户成功经理（CSM）是全公司综合能力最强、最了解客户的一群人，所以在客户生命周期的各个环节都可以贡献出自己的一份力。同时，CSM 们不仅能够在客户生命周期的单个阶段提供价值，更能将客户整个生命周期和公司各个团队串联在一起。他们能够打通公司市场、销售、产品研发团队的工作，整体性地优化客户在生命周期旅程中的体验。

另外一方面，企业想要真正帮助客户最大化地实现价值，需要将客户成功的理念融入客户生命周期的每一个环节：

（1）在客户获取阶段，客户成功体现在潜在客户快速得到他们想要的目标信息。

（2）在客户激活阶段，客户成功体现在客户相信企业产品或服务的价值和优势。

（3）在客户转化阶段，客户成功体现在客户拥有顺畅的购买流程和签约体验，并快速上手产品和服务。

（4）在客户留存阶段，客户成功体现在客户使用产品或服务真正为他们的业务增添了价值，从而不断复购和增购。

（5）在客户推荐阶段，客户成功体现在客户实现了价值，并发自内心地将企业的产品或服务介绍给其他人。

因此，让全公司都实践客户成功的理念，并让客户成功团队参与客户旅程中的每一个阶段，是做好客户全生命周期管理最有效的方法之一。

（二）巧用全生命周期管理工具

对于一家企业来说，客户的生命周期阶段繁多，而每个阶段的任务和目标也大相径庭。有些公司会使用一套销售管理软件来管理客户的不同生命周期阶段，却发现它不能很好地支持除了销售外的其他场景（如售后服务、续费管理等）。有些公司在客户不同的周期阶段使用不同的工具，却遭遇了客户信息缺失、数据割裂的困局。想要更精细化、更全面、更高效地管理客户的生命周期旅程，企业还是需要使用一套专业的客户全生命周期管理工具。

三、全客户生命周期管理流程的步骤

全客户生命周期管理流程主要包括以下步骤。

（一）客户获取

通过多种途径来吸引和获取潜在客户，包括市场推广、社交媒体平台以及合作伙伴关系等。这些渠道各有其独特的优势，市场推广可以通过广告和宣传活动提升品牌知名度，社交媒体则为与目标受众互动提供了便利的方式，而与合作伙伴的协作则能开拓新的客户群体。综合运用这些方法，可以有效扩大潜在客户的基础，并提高转化率。通过持续的沟通与互动，品牌能够更好地理解客户需求，从而制定更加精准的营销策略。最终，目标是建立长期的客户关系，推动业务的持续增长。

（二）客户识别

通过对数据进行深入分析和挖掘，我们能够识别出潜在客户的特征和需求。这一过程为后续的精准营销奠定了基础，使得营销策略能够更好地满足客户的具体要求。通过了解客户的行为模式和偏好，我们可以制定更加个性化的营销方案，从而提高转化率和客户满意度。通过数据驱动的方法，我们不仅能够有效识别目标客户群体，还能洞察市场趋势和变化，为企业的决策提供重要支持，确保营销活动的高效性和针对性。

（三）客户细分

对潜在客户进行分类，将其划分为多个不同的群体，以便能够为每一个群体设计专属的营销策略。这种细分的方式有助于更好地理解各个客户群体的需求和偏好，从而制定出更加精准和个性化的市场推广方案。通过分析客户的特征和行为，企业可以针对性地调整其营销信息和手段，使之更符合各个细分市场的期望。这样，不仅能够提高客户的满意度，还能有效提升市场营销的效果和转化率。此外，个性化的营销策略能够增强客户的忠诚度，促进客户与品牌之间的长期关系。

（四）客户开发

通过多种营销方式，包括电子邮件、短信以及电话等，积极与潜在客户建立联系，从而促进他们向实际客户的转化。这些营销手段旨在有效吸引目标受众的关注，推动他们了解产品或服务的价值，进而引导他们做出购买决策。通过不断跟进和沟通，可以增强潜在客户的信任感，提高他们的参与度，最终实现客户的转化。这种综合的营销策略不仅可以扩大客户基础，还能提升品牌的知名度与美誉度，形成良性的市场循环。

（五）客户维护

通过提供卓越的服务和优质的产品，以满足客户的各种需求，从而建立起客户的信任和忠诚。这种信任和忠诚的建立，不仅提升了客户的满意度，也为企业的长期发展打下了坚实的基础。当客户感受到他们的需求被重视并得到满足时，他们更有可能与企业保持长期的合作关系。此外，优质的服务和产品能够有效地增强客户对品牌的认同感，使他们在面对选择时更倾向于选择已经信任的品牌。这种良好的互动与反馈循环，不仅促进了客户与企业之间的关系，也为企业赢得更多的口碑与市场份额。总而言之，关注客户需求、提供高质量的服务与产品是提升客户满意度的关键所在。

（六）客户升级

实施交叉销售的策略以及提供增值服务，可以提高客户的购买频率和每次购买的金额，从而实现客户价值的全面提升。此举不仅能够鼓励客户进行更多的消费，还能增加每次交易的价值，使得在整体上获得更大的收益。最终目标是通过这些措施，充分挖掘和实现客户的潜在价值，推动企业的可持续发展。通过整合多样化的产品和服务，企业能够更好地满足客户的需求，增强客户的忠诚度，并促使他们在未来的交易中选择更多的产品，从而形成良性的消费循环。

（七）客户流失预警与挽回

通过对数据的深入分析和实时监测，可以及时识别出客户流失的潜在迹象。对此，企业应采取相应的挽回措施，以降低客户流失率。通过及时了解客户的需求变化和满意度，可以有效地调整服务策略，增强客户的忠诚度。此外，建立有效的沟通渠道，积极听取客户反馈，能够帮助企业更好地理解客户的期望，从而采取针对性的行动来挽救那些可能流失的客户。最终，借助科学的数据管理和客户关系维护，企业能够在竞争中保持优势，确保客户的持续支持。

(八) 客户反馈与改进

通过收集客户反馈和意见，不断改进产品和服务，提高客户满意度和忠诚度。

以上是全客户生命周期管理流程的主要步骤，企业可以根据自身的情况和需求进行具体的实施和调整。同时，企业还需要建立相应的数据分析和监测体系，以便及时发现问题并进行改进。

第四节　全渠道覆盖整合营销

全渠道整合营销之所以成功，是因为他们明白客户——而不是品牌——是任何业务的核心。不是把你的品牌放在中心，而是把顾客放在那里。因此，每个企业的全渠道整合营销策略必须准备好以客户可以选择的任何方式去触及他们。

在过去，你用不同的“辐条”来接触不同的客户。但现在，每个渠道都是面向客户的。

一、全渠道覆盖整合营销的含义

全渠道覆盖整合营销是互联网时代企业营销的一种策略，旨在整合线上线下的多种渠道进行系统化、全面性的营销活动。其目的是让企业的产品或服务信息覆盖全网，让更多人了解、信任并购买企业的产品或服务。

全渠道整合营销策略的重点是将顾客体验放在第一位，让顾客体验到个性化服务。消费者更倾向于把时间和金钱投入那些为他们提供个性化服务的品牌上，而全渠道整合营销策略就是让顾客感觉到自己被倾听和被重视。

在实施全渠道覆盖整合营销时，企业需要对品牌、产品、客群进行精准定位，明确自身的差异化优势，并根据不同阶段确定不同的推广渠道。例如，前期阶段可能主要依赖企业官网、百科词条、搜索引擎软文营销和社交网络营销等方式来建立品牌基础和口碑；中期阶段，当口碑有了一定基础后，可以增加第三方权威媒体背书，在一些门户网站发布企业重要新闻等；后期阶段，当企业的信息在全网有了一定程度的覆盖，并有了一定量的精准用户积累后，可以启动短视频营销，刺激用户进行购买。

此外，全渠道覆盖整合营销要求企业必须具备整合思维和长期思维，在不同的阶段，根据需求和预算，合理铺排渠道资源。同时，全渠道覆盖整合营销也强调一致性和数据驱动，无论客户通过哪种渠道接触到品牌，都应得到一致的品牌体验和信息，同时通过分析各个渠道的数据，了解客户的喜好、行为模式和购买习惯，从而更好地做出决策和调整策略。

全渠道整合营销策略认为消费者在获取信息与购买产品或服务的过程中会进行多渠道的选择与考虑。举个例子，假设一个潜在客户在一个相关网站上发现了某公司的广告，点击广告在查看产品的过程中出现了疑问，他们会转向官网询问客服。之后，他们会订阅该公司的微信公众号，并最终在微博上留下评论。

那全渠道整合营销策略如何使公司受益呢？研究表明，优先考虑客户体验的公司比竞争对手的利润高 60%。记住营销的口头禅：优质的内容是获得客户的最终驱动力。优质的内容会使受过良好教育的客户成为满意的客户，满意的客户会转化为忠实客户。忠实客户会对产品进行推荐，推荐带来的价值是他们第一次购买产品价值的 10 倍。更重要的是，留住老客户的成本要比招募新客户低得多。

二、实施全渠道整合营销策略的关键步骤

如何实施完整的全渠道整合营销策略，可以参照以下几方面。

（一）创建买家角色

要想了解什么让你的受众高兴，什么让他们不高兴，首先要创建客户身份。创建丰富的人物角色，包含购买习惯、偏好、行为和他们首选的沟通方

式等信息，并努力尝试超越客户的思考范围，创建多样化且包容各方的买家角色资料。

全渠道整合营销策略需要专注于顾客的购买旅程。例如购买的频率、购买的方式、流量来源等。了解购买旅程后，您可以在每个阶段创建优质的客户体验，而做到这一点的最好方法是“扮演客户”，亲自经历从第一次点击到最后付款的整个用户体验。

（二）细分客户

研究发现，74%的消费者不喜欢收到与自己的兴趣无关的内容，所以要提供顶级体验并从营销中获得高投资回报率，就必须对客户列表进行细分并相应地定位。一旦发现了顾客购买的频率、购买的方式、流量来源，就可以细分受众群体。CRM 和营销自动化平台将根据你创建的角色、用户行为、选择的统计指标对联系人进行细分。然后，您可以针对每个细分市场定制个性化消息。

（三）根据特定的买家行程安排内容

每位买家的购物体验都是独一无二的，因此在内容和功能的设计上，必须考虑到客户的个人习惯。若能为每位顾客营造一个舒适且愉悦的体验，转化率自然会随之提升。当客户感受到来自品牌的个性化关注时，他们更容易与品牌保持互动，并有更高的购买意愿。通过关注客户的需求并提供贴心的服务，可以增强客户的忠诚度，从而促进品牌与客户之间的长期关系。这种个性化的体验不仅会让客户感到被重视，还能有效提升他们的满意度与购买欲望。

（四）优先考虑渠道

首先要考虑清楚，全渠道整合营销策略意味着必须每时每刻使用各种形式的现代沟通工具吗？假如你选对渠道，那么营销策略将事半功倍。因此，请多加考虑客户喜欢的渠道和设备，并投资于优化他们的体验。客户无处不在，不要浪费时间在其他渠道上。最好的方法是通过不同的渠道倾听你的听众在说什么。社会监测和营销自动化分析将告诉你，你的时间和努力可以花在哪里。

星巴克就是一个很好的例子。为了吸引年轻人市场，这家优质咖啡零售商在其全渠道存在的基础上增加了一个奖励应用。用户可以管理奖励、与朋友分享、购买取货并实时查看他们的账户状态。在发现顾客已经转向移动端时，星巴克已经能够及时地改善其品牌体验，巩固忠诚度，并扩大市场，为每一位顾客提供个性化的体验。

（五）定期测试结果

除了测试单个活动，我们现在还可以根据人们在一段时间内的反应来测试活动是否成功。当我们在客户层面有足够的数据时，可以查看他们在网上和商店中的互动方式，定制消息，并通过渠道适当地向他们提供服务。

但是分析和比较这么多不同渠道的测试结果是很困难的。这就是为什么创建一个有效的度量策略是很重要的。真正有效的全渠道战略不会被跨渠道的数据淹没。相反，它使您可以清晰地了解所有计划，并将客户的行为和反馈转变为可以采取行动的方案。

（六）及时总结

这最后一步将对你的全渠道整合营销策略产生重大影响。在整个营销过程与团队要保持“无缝”“无间断”式的讨论，确保与团队中的市场营销员、客户服务人员，到产品开发人员，再到网站经理保持及时的信息传递与沟通。

学会站在客户的角度问自己一些问题。例如：我的社交策略是否支持我的网络策略？我的电子邮件策略是否支持我的社交策略？我的网络策略是否支持我的移动端策略？当所有渠道都可以及时沟通时，提高客户体验这件事就容易多了。

利用收集的所有数据，你可以不断进行改进，以确保全渠道营销策略能够带来真实的效果，不断检查并不断进行优化。

三、实施全渠道覆盖整合营销策略的注意事项

在实施全渠道覆盖整合营销策略时，还需要注意以下几点：

（一）保持品牌信息的一致性

不论客户是通过何种渠道与品牌进行互动，他们都应当获得相同的品牌体验和信息。这种一致性对于增强客户对品牌的认知度和信任感至关重要。当客户在不同平台或接触点获取的信息一致时，会加深他们对品牌的理解和情感连接，进而促进忠诚度的提升。无论是通过社交媒体、官方网站、线下门店还是客服热线，品牌都需要确保传递的信息和所展现的形象保持统一。只有这样，客户才能在与品牌的每一次接触中感受到连贯性，进而建立起对品牌的全面信赖。最终，这种一致的品牌体验将帮助品牌在市场中脱颖而出，赢得客户的长期支持与青睐。

（二）充分利用数据驱动决策

通过对不同渠道收集到的数据进行深入分析，企业可以更全面地了解客户的偏好、行为模式以及购买习惯。这一过程不仅帮助企业识别出目标受众的需求，还能揭示他们在购物过程中的决策因素。基于这些洞察，企业能够更有效地制定出符合市场趋势和消费者期望的营销策略。同时，企业还可以根据客户反馈和市场变化，及时调整已有的营销方案，以便更好地满足客户的需求。最终，这种数据驱动的营销方式将有助于提升客户满意度，从而推动销售增长和市场份额的提升。总之，通过科学的数据分析，企业能够确保其营销活动更加精准和有效。

（三）提供个性化的推荐和服务

根据客户的独特特征和过往的购买记录，企业可以提供量身定制的产品推荐和服务。这种个性化的体验不仅能够满足客户的具体需求，还能有效提升他们的参与感与满意度。通过深入分析客户的喜好和消费习惯，商家能够

更好地理解目标受众，从而在合适的时机推送相关的商品信息。这样的个性化服务有助于营造一种亲切感，使客户感受到被重视和关心，进而增强他们对品牌的忠诚度。整体来说，通过对客户数据的充分利用，企业能够建立更为紧密的客户关系，促进长期的合作与发展。

（四）追踪和评估各个渠道的效果

为了提升整体营销效果，有必要运用合适的工具和指标对各个渠道的表现进行跟踪和评估。通过定期分析这些数据，能够及时发现问题并做出相应的调整，从而优化营销策略。这种动态的评估过程使得我们可以针对不同的市场渠道，识别出哪些方法有效，哪些需要改进。利用数据驱动的决策，我们可以更灵活地应对市场变化，确保我们的营销活动能够达到预期的效果。通过不断地监测和调整策略，可以有效提升各渠道的表现，并最终实现更好的营销成果。

四、实施全渠道覆盖整合营销的意义

全渠道覆盖整合营销是一种营销策略，它旨在利用各种渠道和平台，以统一、协调的方式向消费者传递品牌信息和产品价值，以满足消费者在不同场景下的需求。这种营销策略的核心在于将各个渠道和平台进行有效的整合，形成一个完整的营销体系，从而提高营销效率、改善营销效果。

在全渠道覆盖整合营销中，企业需要根据消费者的需求和行为特点，选择合适的渠道和平台进行营销。这些渠道和平台可以包括线上和线下的各种媒体、电商平台、实体店面等。通过将这些渠道和平台进行有机的整合，企业可以实现品牌信息的全面覆盖，提高品牌知名度和美誉度。

同时，全渠道覆盖整合营销还需要注重营销内容的创新和个性化。企业需要根据消费者的兴趣和需求，提供有吸引力的内容和服务，以吸引消费者的关注和留存。此外，企业还需要对营销活动进行精细化的管理和优化，确保营销活动的效果最大化。

在实施全渠道覆盖整合营销时，企业需要注意以下几个方面：

（1）确定营销目标和策略，明确营销的重点和方向。

（2）对各个渠道和平台进行评估和选择，确定最适合的营销渠道和平台组合。

（3）制定详细的营销计划，包括营销内容、营销时间、营销预算等。

（4）加强营销活动的执行和监控，确保营销活动的效果符合预期。

（5）对营销活动进行持续优化和改进，提高营销效率、改善营销效果。

随着互联网与信息技术的发展，现代营销人员可对更多数据和渠道进行整合，从而加强自己的营销能力。全渠道整合营销策略使营销人员可以对每个客户提供个性化的服务，简化营销和销售渠道，提高客户保留率、品牌忠诚度和投资回报率。但是按照全渠道整合营销七大步骤进行具体实施的同时，如何将自有资源、特点与渠道相结合，仍然是每个营销团队需要考虑的。

总之，全渠道覆盖整合营销是一种重要的营销策略，它可以帮助企业实现品牌信息的全面覆盖，提高品牌知名度和美誉度，从而推动企业的发展。全渠道覆盖整合营销是一种适应现代消费者多渠道购物习惯的营销方式，通过无缝衔接的多渠道传播和互动，提高品牌曝光度，吸引更多潜在客户，并最终实现销售增长。

第六章　企业财务的数字化转型

在当前的商业环境中，传统行业界限和壁垒正在逐渐模糊，新技术、新渠道以及跨界竞争者不断涌现，消费者需求快速变化，商业模式不断演进，同时监管和法律法规也变得更加严格。各个行业都在寻找适应这种变化的新常态。面对这些挑战，企业需要培养适应变化的能力，快速调整现有的战略和商业模式，同时优化业务流程、组织结构和管理模式以应对竞争的风云变幻。为了实现高效、敏捷、主动和适应性强的运营，企业需要强大的数字化工具来提供支持。数字化转型已经成为推动企业未来成长的关键动力。

数字化在改变大众的日常生活的同时，也在塑造全新的商业竞争环境。远程办公、协同办公工具、核心与专业会计系统等都足够有效，甚至是比预期的更为有效。

随着近几年人脸识别等技术被广泛应用，人工智能越来越影响到我们的日常生活。作为财务人员，最终目的是服务企业，财务专业技能是需要紧跟时代和企业需求不断学习、不断更新、不断拓展的。

在复杂多变的环境下，企业的运营方式经历了深刻的重塑，财务职能的角色也随之改变，从后台支持转变为支撑企业生存和发展的核心职能。随着数字化浪潮席卷各个行业和组织，财务职能迎来了重新定义自身、积极迎接和应对变革的绝佳机会。财务人员对数字和数据有着高度敏感性，他们应当成为数字化转型的领导者。面对全球可持续发展的巨大变革，财务职能部门面临的真实挑战在于如何投身于这一变革之中，通过数据联动、洞察力和协作，成为塑造新商业世界的关键力量。

第一节　企业财务管理

企业财务管理是企业管理的重要组成部分，它涉及企业资金的筹集、使用、分配和监控等方面。有效的财务管理对于企业的运营和发展有着至关重要的意义。企业管理的核心是财务管理，因为财务涉及企业的研发、人力、设备、采购、生产、库存、营销、流通、报税等诸多环节，就连企业的发展战略最终也要通过财务的思想来体现。

一、财务管理在企业管理中的核心地位

企业利用财务预测、决策和规划来全面安排其经济活动；通过制定利润分配策略来平衡债权人、员工、投资者等各方利益，同时对企业的资源进行有效调配。任何经济活动都伴随着资金流动，都属于财务管理的范畴。财务管理是企业管理的心脏。

财务管理涉及资金的筹集、投资、使用、回收和分配五个关键领域：

（1）资金的筹集决定了企业的规模和发展潜力。

（2）资金的投放决定了企业的发展方向和成长潜力。

（3）资金的耗费与企业的生产成本和市场竞争能力密切相关。

（4）资金的回收对企业偿债能力和资金流转具有直接影响。

（5）资金的分配关系到企业的消费和积累，以及投资者、管理者和员工等各方的利益。

掌握了财务管理，就等于掌握了企业管理的核心。财务管理是从资金的角度出发，注重在资金健康循环的基础上实现资金的增值。企业财务管理的目标不应仅仅是追求账面上的利润最大化，而应是追求企业价值的最大化，

确保企业能够持续稳定地盈利，并产生正的现金流量。

财务管理是一个需要全面考虑的目标一致、协调统一的过程。以财务管理为中心意味着要实现观念的转变，将价值管理的理念融入企业管理的每一个层面、每一个环节和每一个个体。这要求各方共同出谋划策，齐心协力，以实现企业利润的最大化，创造更多的财富。

二、财务管理的作用及其发挥

随着现代企业的建立，企业财务管理的内涵、外延、职能及其在企业中的地位经历了显著的变化，强化财务管理已经成为现代企业在激烈的市场竞争中生存和发展的关键，也是确保现代企业制度得以执行和落实的重要环节。

企业财务管理是内部管理关系的交会点和中心，企业的所有经营活动都通过财务活动来处理和体现。财务管理的筹措资金和投资活动为企业的生产运营提供了基础。制定财务计划、进行成本控制对于控制生产运营成本至关重要。组织收入则是为了确保生产经营成果的实现。资金的合理分配对于企业实现再生产具有组织作用。

财务决策是财务管理的核心活动。它是在财务预测的基础上，对不同财务方案的数字进行分析比较，全面权衡利弊，并选择最佳方案的过程。

财务决策的主要内容包括资金筹措决策、投资决策、成本费用决策、收入决策和利润决策等。财务决策采用的具体方法包括概率决策法、平均报酬率法、净现值法、现值指数法、内含报酬率法等。财务决策机制不仅直接影响决策的效率，而且对企业内各财务主体之间的利益关系产生影响。

因此，各财务主体会对财务决策机制的安排进行积极的博弈，以达成关于财务决策机制的契约。

影响财务机制的因素主要有两个方面：一是财务环境，包括涉及多少财务主体、这些主体的既得利益关系、参与决策的机会成本以及所在企业的文化和其他非正式制度环境等。二是各财务主体的谈判力，即财务主体所掌握的财务知识。不同的财务主体有不同的经济利益要求，因此他们追求的财务目标也不尽相同。

由于不同财务主体的决策目标不同，评价标准各异，因此财务主体越多，不同类别财务主体之间的财务目标差异越大，所需的财务决策机制也就越复杂。

企业财务决策机制与企业文化密切相关，财务环境则是另一个重要因素，尤其是对财务决策的程序、方法和决策信息的传递过程有直接影响。

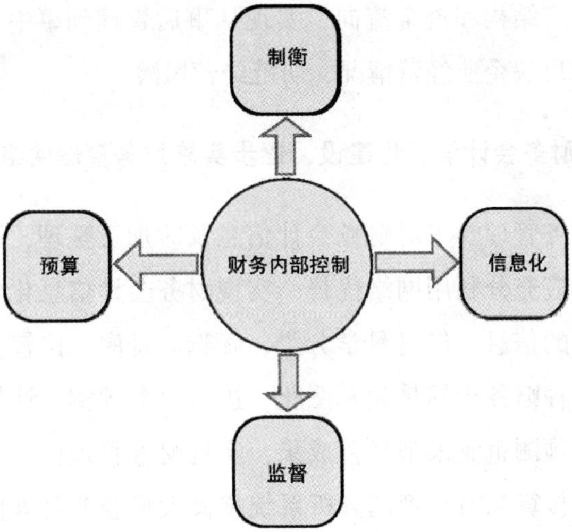

图 6-1　财务内部控制关键要素

三、加强企业财务管理的措施

（一）建立以财务管理为核心的管理体系

首先，在完善企业管理机制时，确立财务管理的核心地位，发挥其作为“信息中心”和“控制中心”的作用。这要求提高认识、转变观念，树立与现代企业制度相适应的会计和财务管理中心观念，将财务工作置于首位，高度重视并扎实做好公司的财务工作。

其次，树立市场和信息观念，逐步适应市场经济核算的需求。企业应根据市场需要组织经营活动，结合自身经营环境和特点，建立适应市场经济、以效益为中心的会计核算体系。

再次，树立竞争和风险意识。在激烈的市场竞争中，财务管理应增强灵活性，财会部门积极参与企业经营决策，努力把握、应对和规避风险。

最后，树立财务责任意识和自我约束观念。企业在自主理财过程中，要严格自我约束，自觉接受国家法律法规、方针政策的约束，完善内部财务管理制度。最后，建立开放式的动态财务管理体制，通过经济分析进行科学预测，合理调整资产结构和资金流向，实现从事后管理到事中、事前管理的转变，及时掌握和反映企业经营情况，防范经营风险。

（二）加强财务会计信息化建设，逐步实施财务管理网络化

现代企业财务管理要求对财务会计信息及时加工整理，迅速传递，高度共享。财务部门应充分利用网络优势，实现财务会计信息化建设。利用会计核算电算化产生的信息，经过科学分类、筛选、排序、比较，采用数理统计理论归纳，将各种财务指标量化和图化，进行财务预测、计划编制、会计控制和财务分析，预测企业未来经营成果，实现财务管理信息化。财务部门通过日常财务会计核算和财务管理分析系统掌握大量企业管理信息、实现财务信息共享至关重要。一是实现横向财务信息共享，将财会信息系统并入公司管理系统，实现公司内部横向财会信息共享；二是实现纵向财务信息共享，开发相关财务管理软件，实现上级部门直接调用下级部门的财务数据，确保上级部门及时获取财会信息，实现适时控制和监督。

（三）加强风险管理

市场总是机遇与风险并存。风险管理是充分衡量风险程度，结合自身承受能力，通过比较、分析等方法权衡得失，选择最佳方案以较小风险取得较大效益。在作出决策前，针对不同风险制定防范、保全和补偿措施，确保企业在风险出现时能够应对。

（四）加强会计基础工作，为财务管理奠定坚实基础

建立科学的公司制企业财务管理应以规范财会基础工作为起点。包括建

立完善的原始记录管理制度、先进合理的定额管理制度、财务分析制度等，这些都是企业财务管理必不可少的信息资源。加强公司财务管理，必须首先规范和强化财会基础工作。搞好培训，提高素质，依法记账、算账、报账，熟悉和掌握相关法律法规制度。各级会计管理机构应有针对性地组织开展形式多样的培训活动，严格执行会计标准化作业。

（五）逐步实行财务主管委派制，根除财务管理工作中存在的弊端

为根除财务管理工作中存在的弊端，应发挥财务部门的监督作用，让财务人员依法理财，对省、市分公司财务主管实行上级部门委派制。实行委派制有利于财会工作的开展，被委派出去的财务主管的人事关系、工资待遇、各项福利和奖金都统一由上级部门负责，与派入单位不发生任何经济联系。这样可以解决会计人员依法理财的后顾之忧，有利于维护财经纪律。实行委派制后，财务人员有责任提供准确无误的会计信息，无需领导层层指点、授意，为上层决策提供科学依据。实行委派制有利于财会人员提高素质，通过考试和考核选拔政治素质高、业务能力强的财会人员担任财务主管，实行定期轮换制度，督促财务人员加强学习，提高自身理论水平与业务能力。

四、企业财务管理

（一）企业财务管理的含义

企业财务管理是在企业整体目标指导下，对资产的获取（投资）、资本的筹集（筹资）、运营中的现金流量（营运资金）以及利润分配进行管理。作为企业管理的一个重要分支，它是遵循财经法规和制度、依据财务管理原则组织企业财务活动、处理财务关系的一项经济管理活动。简而言之，财务管理就是处理企业财务活动和财务关系的一种经济管理职能。

企业财务管理深入到企业发展的核心，其强项在于推动企业利润持续增长，并通过财务手段促进企业的经营发展。财务管理通过财务指标展示企业

的经营状况，具有极高的敏感性，能够揭示生产组织是否合理、产品质量是否达到标准、产品特性是否符合市场需求、产销是否顺畅以及生产成本是否控制在合理范围内等问题。

（二）企业财务管理的主要方面和原则

以下是一些企业财务管理的主要方面和原则。

1. 资金筹集管理

企业需要通过各种渠道筹集资金，包括自有资金、银行贷款、发行债券和股票等。财务管理部门需要评估各种筹资方式的成本和风险，选择最适合企业的筹资方式，并确保资金的安全和合规性。

2. 预算管理

预算管理是企业财务管理的重要组成部分，它涉及企业各个部门的预算编制、审批和执行。通过预算管理，企业可以合理控制成本和费用，确保资金的有效利用和业务的顺利进行。

3. 财务风险管理

财务风险是企业面临的一种重要风险，包括市场风险、信用风险、流动性风险等。财务管理部门需要建立风险管理制度，通过风险评估、风险控制和风险监控等措施，降低企业的财务风险。

4. 财务决策分析

财务决策分析是企业财务管理的重要工作之一，它涉及企业投资决策、融资决策、利润分配决策等方面。财务管理部门需要运用财务分析和财务模型等工具，为企业的决策提供准确、可靠的财务信息和分析结果。

5. 财务报告和信息披露

财务报告和信息披露是企业财务管理的重要职责之一，它涉及企业财务报表的编制、审计和披露等方面。通过财务报告和信息披露，企业可以向股东、债权人、监管机构等利益相关者提供真实、透明、准确的财务信息，维护企业的声誉和信誉。

总的来说，企业财务管理的目标是实现企业价值最大化，它涉及企业的各个方面，是企业发展过程中的重点工作。因此，企业需要建立完善的财务管理制度，提高财务管理水平，以确保企业的财务稳健和可持续发展。企业财务管理是企业管理的核心之一，它涉及企业资金的方方面面。有效的财务管理可以帮助企业实现资金的优化配置、降低财务风险、提高经济效益，为企业的可持续发展提供有力保障。

扩展学习

财务的未来方向

对于财务专业人士而言，他们的工作重点在于通过数字化转型，真正成为企业的战略合作伙伴，从而实现支持业务成长的使命。在这一过程中，财务人员需要全面评估财务职能的现状与未来愿景之间的差距，并据此制定转型计划并付诸实践。

财务的未来定位是成为企业战略合作伙伴，其六大特征包括：战略支持角色、业务伙伴关系、绩效评估视角、流程治理能力、整合数据平台和现代化技术手段。

战略支持角色要求财务人员站在业务前沿，与业务部门紧密协作，通过提供及时、可靠的数据及洞察，为企业制定战略和决策提供建议。

业务伙伴关系强调财务持续改善与内外部人员的协作，建立信任关系，提升在企业的影响力。

绩效评估视角要求重新定义企业绩效与衡量体系，从单一的利润指标系统拓展到与企业组织目标对齐的、更广阔的绩效视角。

流程治理能力要求财务人员不局限于财务后端流程的标准化、自动化和持续优化，而是以端到端的视角与相关部门协作，推动整体流程和通用平台的效率提升。

整合数据平台要求统一公司范围内业务和财务数据定义与口径，建立整合数据平台并通过权限设置在整个企业内进行开放和共享，提供唯一可信数据源作为所有分析和决策的基础。

现代化的技术手段要求应用强健的核心系统与灵活敏捷的业务系统，推动流程标准化、自动化和集成化，降低重复性和事务性工作负荷；同时，自助报告、人工智能和机器学习工具能够从趋势数据中做出自动的初步分析，进一步释放财务业务伙伴的时间，使他们专注于更深层次的分析和洞察。

新兴技术如大数据、云计算、机器学习和人工智能正在彻底改变财务工作，并为财务职能转型提供技术支持。强大的计算能力和技术的普及使得财务团队能够拥有更强的数据基础、更强大的分析能力以及更有效的可视化和协作工具。利用这些新技术手段，财务人员能够提升流程效率、加强部门协作、优化数据分析以获取深刻洞见，为企业管理层提供真正有价值的洞察，提升企业应对市场变化的能力。

在财务专业能力基础上，提升战略思维、商业敏锐度、数据分析、技术应用、团队协作、沟通及影响力等全方位的技能尤为重要。财务人员应成为机器的主人，借助机器形成知识蒸馏，将固定模式的动作用机器实现自动化，从而回归人类擅长的智慧与思考。

一、现代财务管理职能

1. 业务处理效率

重复性高的交易处理活动，包括资金结算、费用报销、会计核算、纳税申报等。企业可以借助技术手段如 ERP 系统、RPA（机器人流程自动化）、数据库、BI 工具等，采用标准化且简化的流程，以及共享服务的形式，以更及时、更具成本效益的方式开展该领域的工作。

2. 合规与控制

包括企业内控和外部财务报告，还包括关联性日益增强的领域，如报告企业对社会各方面的影响，如自然资本和人力资本的利用情况等。财务需要超越传统的财务报告职能，帮助制定并实施用于内、外部报告的全新绩效管理框架。此外，还需要优化风险管理、合规和内控，建立经济高效的可持续控制环境，既能满足当前发展要求，又可灵活应对未来监管法规的变化。

3. 业务洞见

这是未来财务职能部门的发展方向和主要目标。财务需要与业务有效合作，才能创造价值。财务应提供深刻的业务见解以辅助管理层进行战略决策，并确保决策已充分考量企业各方面的信息资源，同时密切关注这些决策的影响并反馈给各利益相关方。

二、财务转型的预计收益

1. 能提升工作效率和质量

业务的飞速发展，无论在体量上还是在形态变化上，都对财务工作效率和质量提出了更高的要求。财务部门可以借助流程标准化、自动化和优化，以及共享服务形式，大幅提升事务性工作的效率和质量。这部分工作包括交易处理、会计核算、关账、预算与预测、报告与分析等。专注于事务处理的时间越来越少，释放出的资源用于开展更高附加值的工作，即预测性分析和业务关系管理。未来我们希望能够实现财务核算100%的智能化运转，人工只做例外管理；另外，财务也能够建立新的工具、方法论和模型，并且主动指导业务的创新发展，支撑业务的决策，管理好公司的利润。

2. 降低管理成本

衡量生产率提升带来经济收益的方法是衡量财务管理成本。该指标受到公司的规模、经营足迹、行业性质、监管环境和业务模式的复杂程度的影响。受益于规模效应和更为有效的财务运营模式设计，规模较大的公司的财务管理成本水平更出色。由于监管环境、各地区生产力水平、IT基础设施等多重因素影响，覆盖较多国家和地区的跨国公司财务管理成本相对较高。

3. 打造核心竞争力

更实时、高效的数据分析和洞察将有助于企业更有效地预测和应对环境变化、优化配置资源，重塑自身的竞争优势。很多企业在开展预算和规划工作时往往会遇到业务流程复杂、系统陈旧、响应速度慢、数据基础薄弱、分析框架固化等诸多问题。这导致预算和规划周期长、工作烦琐、人为错误多，分析滞后于管理决策。

三、如何实现财务数字化转型

1. 目标运营模型

财务数字化转型绝不仅是业务流程从线下到线上的转换，我们不能错误地设想单凭技术投资便可以解决所有的问题。财务数字化转型是指对财务职能（组织、流程、人员）进行重新定义，并借助技术完成工作方式转变，适应业务需求变化，全面实现自动化和智能化，为企业创造价值。在迈向未来数字化财务的道路上蕴藏着重要机遇，财务部门需要将组织、流程、技术、数据、人员和文化等诸多要素有机融合在一起，推动全企业的积极变革。数字化变革不仅是部署系统，更需要在理念、顶层战略、架构、流程等多个层面的改变。这些变化往往是直接挑战原有的工作和思维方式。数字化转型是一个螺旋上升的过程，需要具体情况具体分析。

2. 转型四步法

（1）激发财务数字化转型意识

财务数字化转型需要有驱动力、说服力，以及组织上下对变革的支持与投入。因此，第一步可以从唤起组织内部相关人士的转型意愿和动力开始。通过分析企业内外部环境对财务转型的需求以强调变革势在必行，进而分享业内成功案例来展示变革收益和潜能，从而激发利益相关者对变革的认同、支持、信心和行动力。

（2）现状评估和未来目标运营模型设计

对当前财务运营模型的每一个维度进行成熟度评估，并结合其他诊断方法来识别痛点和提升潜力。基于现状评估结果，设定目标运营模型各维度的目标水平，并在此基础上清晰定义和描述未来的财务愿景。

（3）规划转型路径

针对目标运营模型各维度现状与目标水平之间的差距，分析导致差距的根本原因并制定相应的举措。整理每一个维度的具体举措，分析举措之间的相互依赖、先决条件和重合部分，按照优先级和时间排布形成量身定制的财务数字化转型路径图，为后期的实施落地奠定坚实的基础。

(4) 试点与实施

为了加速转型，可以从试点和速赢方案开始，并通过它们的成功来吸引员工并开始潜在的文化变革。转型实施前期阶段的成功突破将给团队带来巨大的信心和鼓励，以确保转型路径全面实施落地的可持续性。此外，也可根据试点和速赢方案的实施效果对前期设计的未来目标运营模型和转型路径进行调整，在尝试中不断迭代推进。

四、转型主要挑战及应对举措

主要挑战一：转型愿景不清晰，或未能获得拥护。

转型领导者无法清晰地定义或描述财务转型的目标，或无法与关键利益相关方达成一致。缺乏清晰的目标愿景或无法获得公司高层或相关部门（例如IT和业务部门）的支持，在曲折的转型道路上，团队很容易感到沮丧和迷茫，遭遇挑战时轻易放弃，最终导致转型的失败。

应对举措：清晰定义未来愿景，并赢得公司上下的支持。

明确定义的愿景可以赋予员工使命感，并激励他们为了共同的目标努力奋斗。在财务数字化转型的起始阶段，以CFO（首席财务官）为首的财务转型团队需要不断问自己这样几个问题："财务战略如何支持公司整体战略和业务战略？业界最领先的财务职能是什么样子？未来两年、五年甚至十年，我们的财务职能是什么样子的？"设定全面且合理的转型目标，需要转型团队透彻了解财务职能现状和洞悉业界财务职能未来发展方向，并且协同组织内所有利益相关方（包括首席执行官、业务部门领导等）清晰定义财务未来愿景，识别差距，并制定未来财务目标运营模型设计的指导原则。

围绕"数据"和"智能"两大核心理念，通过单一数据源、数据共享、预先洞察、战略制定四个阶段来实现财务价值的业务引导模型升级。

主要挑战二：传统业绩管理体系无法全面衡量并支持企业目标的实现。

企业运营模式已发生重大变化，变得更加以客户为中心。组织目标也更加广泛，利润不再是衡量成功的唯一标准。传统以财务指标为导向的业绩管理系统，难以适应基于价值的管理理念。企业的利益相关方，包括投资人、监管机构、金融机构、客户、供应商和员工，对企业提出的要求和期望正在发生变化。除传统的财务指标之外，他们还开始关注更广泛的绩效指标，寻求了解企业对社会各个方面的影响。近年来，环境、社会及治理报告（即ESG报告），更具体地说是气候变化、包容性与多样性、社会影响和人力资本报告在资本市场中受到了越来越多的关注，相关报告的要求也在日益变化，且越来越复杂。

财务团队需要认识到这一转变，以更宽广的视角来审视公司对社会和环境的影响和价值。过度狭隘地关注财务披露会给决策和真正的运营价值带来负面的影响。

应对举措：建立全面的绩效观，引入更全面的绩效指标。

在重新定义企业的目标、人员和利润的同时，财务团队需要首先进一步重申组织目标（“企业为世界带来了怎样的价值”），并帮助企业以更全面的视角来制定决策，并与企业的战略目标保持一致。

财务团队还需要超越传统的财务报告视角，帮助企业制定并实施用于内外部报告的更全面的绩效管理框架，以更广阔的视角来评估企业绩效和组织目标的实现情况。除了熟练的财务资本、制造资本之外，可以在人力资本方面展示企业如何保障员工的福祉；在智力资本方面，分析无形资产如何为企业创造价值；在自然资本方面，阐述企业如何更好地利用自然资源并应对可持续发展要求。

最后，财务团队应将更广泛的全新绩效观点落实到企业各层级的决策系统中，将相关的数据和洞察提供给业务决策者，使得企业的决策与组织更广泛的目标对齐。

主要挑战三：缺乏整体端到端的视角，难以平衡管控与效率。

通过流程设计和优化可以将人员从事的相关活动进行标准化和固化，以提升流程的质量与效率，控制流程的风险和成本，并确保满意的客户体验。但现实与理想往往存在差距，会遇到如下问题。

以职能为导向的组织架构中，容易产生流程局部最优而整体不优的情形。譬如：在渠道经销商主数据维护流程中，销售部门为加快速度，对门店的非必选项信息（如地理位置、面积等）未作强制要求。在财务执行合同审批时，则要求销售在备注中补充填写门店地理位置、面积等信息，以辅助判断是否对门店超标投资予以特批。销售、财务站在自身部门的角度，流程局部并没有什么问题，但以端到端的视角来看，就可以发现整体效率受损。

流程设计在标准化和效率之间难以平衡，且未以客户体验为导向。譬如部分强管控公司的流程通常设置多重控制，审批冗长，牺牲效率甚至是商业机会；部分业务导向的公司往往在流程中存在严重的内控缺陷和风险；后端职能部门的流程常常以严格管控为导向，忽视内部客户体验以及对市场商机的敏捷响应。

应对举措：建立流程治理组织架构及持续改进机制，推动端到端流程优化。

通过建立和升级共享服务中心，许多企业实现了对财务后端流程的标准化和优化。为了防止各部门独立作战，财务部门应与相关业务及 IT 部门合作，共同推动端到端的流程优化，并建立常态化的矩阵式管理架构。这种架构保持了纵向职能的专业化管理，同时在横向的每个流程中设立了全职的端到端流程负责人、业务流程负责人和财务流程负责人。他们负责跟踪流程的关键绩效指标（KPI），发现改进机会，并推动流程的持续优化，以实现端到端流程效率的最优化。

主要挑战四：技术无法解决流程缺陷。

流程的本身缺陷无法通过系统实施来解决。如果简单地认为“只要上系统了，这些流程自然会被标准化和自动化”，往往会事与愿违，不但没有解决流程问题，还导致系统变得繁杂、低效，白白浪费系统建设投资。

应对举措：以流程优化作为系统实施的基础。

财务团队应主动联合相关业务部门对端到端的业务流程进行梳理，识别和分析痛点，从端到端的视角进行优化设计，厘清流程中的职责分工，并依据流程来整理数据流。这样方可为系统上线真正实现质量和效率提升奠定坚实的基础，做到事半功倍。

为实现数字化，单纯具备技术是不够的，还需要有好的流程基础。我们需要对不符合数字化时代的业务流程进行提升，也需要和业务部门探讨新的业务模式下业务流程如何设计。

主要挑战五：系统和数据割裂，数据收集与清洗消耗了大部分的时间和精力。

在业务需求紧迫的情形下，由于缺失有效的沟通与协作或项目经验匮乏，不少公司在系统与工具实施时缺少统一规划，导致系统、数据割裂，呈现“多个烟囱”的窘境。

传统财务团队花费大量时间和精力用于对账、发票校验、审核、数据收集、核对与清洗等事务性工作。这背后的原因首先是流程自动化程度低，其次是缺乏对数据定义、口径、维度的统一定义和管理。财务仅能完成基础报表的编制和经营结果的回顾性分析。他们没有数据与工具支持，亦无暇开展更深入、更具前瞻性的预测和洞察工作。

应对举措：与 IT 部门紧密协作，应用现代化技术助力财务建立“业务洞见”能力。

财务使用的数字化系统与工具是公司整体 IT 基础设施的有机组成部分。因此，需要财务团队与 IT 部门和相关业务部门紧密协作，开展整体的系统建设规划。在保持 IT 整体架构简洁、强健与灵活的同时，因地制宜地进行系统与工具的选型与实施；同时，还需注重业务系统间的整合。例如：在采购到付款流程中，应当考虑采购系统、资产管理系统、物流系统、财务共享中心系统、ERP 系统之间的集成性；在 ERP 系统升级和优化时，需要考虑 CRM 系统（即 Client Relationship Management，客户关系管理系统）、生产管理系统、数据平台等系统的协同。

数字化技术应用首先需要关注事务性工作的效率提升。在对流程进行标准化和优化的基础上，针对高度重复、单调的工作，诸如对账、发票验真、税务申报、文档分发、数据抽取和清洗等工作流程，通过应用 OCR（即 Optical Character Recognition，光学字符识别）、RPA 等工具，能够实现 30%~50%的效率提升。

主要挑战六：未来财务人才能力要求发生了根本性改变。

仅仅依赖专业技能的时代已经结束，影响力成为当今财务专业人士成功的关键。为了成为成功的战略合作伙伴，财务人员的能力范围需要持续扩展，形成“一专多能”的复合型能力模型。这要求传统的财务岗位能力模型、财务人才培养机制、职业发展路径等方面进行相应的调整和转变。

财务人才战略已经提上了议程。作为财务组织，在数字化转型过程中激励和培养数字化人才，正是诸多企业面临的最重要挑战。

应对举措：通过建立学习型组织、轮岗等方式培养未来的财务人才。

为了适应未来战略合作伙伴的要求，企业需要在传统能力模型的基础上，强化战略思考与分析、数据分析与建模等“硬”技能，以及故事讲述（以简洁、精准和引人入胜的语言解释数据背后的业务逻辑）、谈判、建立关系、影响力等“软”技能，从而构建出符合未来财务人员需求的综合能力模型。

结束篇

1. 数字化转型是企业转型的必经之路。在企业发展前期就考虑支撑职能，包括财务管理能力，以及业务流程的标准化和核心系统的建设对公司的快速成长很有帮助。另外，财务系统与业务系统的建设应当尽量协调同步，以实现最大程度的整合与标准化。

2. 财务始终扮演服务、管控、咨询三种角色，核算拓展到包括财务、控制、IT、人力资源等多种职能。管控角色指财务需要把控业务的发展方向，为业务的开展严格地遵循各个国家及地区的相关法律法规及公司内部规章制度保驾护航。在咨询角色方面，未来财务需要成为真正的业务合作伙伴，应用现代化的工具和技术，以不偏不倚的视角对宏观经济、行业和业务进行系统分析，为决策提供支撑和引导目标运营模型方法论，从愿景与目标、组织、工具、流程、团队与人员等维度全方位推进数字化转型。财务部门应用 OCR 技术进行发票验真；通过开源的 Python 语言包进行自然语言处理，实现了部分信息的自动化抽取；应用机器学习进行员额管理和时序预测；探索包括人工智能、机器学习、云计算等新技术在具体场景中的应用。

3. 财务部门应当积极主动地探索，以“领航员”的身份去引领公司未来的发展。对于企业而言，数字化转型的竞争虽早已开始，却远未到终局。作为未来的战略合作伙伴，财务职能需要以更广泛、集成的企业绩效指标体系引导企业和业务部门，形成更为敏捷高效的业务流程和组织结构，建立高度规范化的数据核心，提升业务处理的自动化的同时，应用新技术，开展预测分析，探索研究业务驱动因素。更为重要的是，财务数字化的核心是财务人员的能力提升，这需要我们拥抱变革，秉承开放与创新精神，持续学习和提升。

4. 实现全方位的数字化转型并非易事，而通向“首席未来官”的道路也绝非坦途。数字化不是一蹴而就的事情。在现实世界中，说永远比做简单。数字化提升的是长久的竞争力。在转型中要保持耐心和谦逊，一步一步地进行变革。

第二节　财务管理与大数据的关系

财务管理与大数据的关系体现在大数据技术对提升财务管理效能、推动财务管理智能化、提高财务信息收集和处理效率等方面的积极作用上。随着数字化时代的到来，大数据技术在企事业单位财务管理中的应用将会越来越广泛，对财务管理的影响也将日益显著。

一、大数据时代下财务管理面对的问题

（一）传统的事务性财务管理无法满足企业管理的需要

仅仅做好经营记录和财务核算，或者仅对月度或年度财务报表进行分析，已经无法满足企业管理层对及时、准确决策的需求。在大数据时代，面对新业态、新技术和新模式，局限于会计数据报表将无法支持企业的发展变革。财务管理需要采取更积极、更主动的方式为企业服务，实现从“事务型”向“经营管控型”的转变，注重数据的及时性和财务与业务数据的融合。

（二）现代企业管理已经不满足于用 ERP 等手段进行事后管理

随着竞争的加剧和对数据时效性的重视，企业管理者期望获得更具洞察

力和前瞻性的数据和分析。这要求财务人员具备处理大量数据（包括财务数据和非财务数据）的能力，能够进行整合和分析，能够在复杂的数据中筛选出关键信息，辨别真伪，简化复杂性；能够从多个角度和维度对财务数据进行深入分析；能够更准确地预测未来的发展趋势和潜在的变化，从而为企业创造更大的价值。

（三）实现业务数据和财务数据的融合

大数据分析是帮助企业优化配置各个部门、各个分子公司各种资源的最佳方案。

通过构建新的大数据财务模型并执行大数据分析，可以揭示配置各种资源的最优路径以及最高效的工作流程，进而实现成本的降低、资源的节约和效率的提升。此外，这还能为企业提供合理的重组和兼并策略，支持其长远发展。

（四）对财务管理信息进行深度挖掘

在大数据时代背景下，除了传统的财务报表外，企业更需要从业务数据、客户数据、行业数据等方面挖掘出更多的财务管理相关信息。

目前，许多企业的财务管理仍停留在对数据的浅层分析和简单的汇总阶段，在与同行业的竞争中缺乏对自身业务、客户需求和行业趋势的深入分析。

企业除了传统的数据信息平台之外，还可以建立一个整合非结构化数据（如图像、文本、社交媒体等）的平台，通过数据挖掘技术进行声誉分析、客户信息分析等，将这些分析应用于筹资管理、产品设计、渠道管理、精准营销、客户体验和售后服务等方面，从而提升企业价值。

（五）提升财务管理信息的准确度

财务报告编制是以确认、计量、记录为基础。由于人工处理的失误、管理手段的缺失等因素，有些企业决策相关数据并未得到准确、充分、及时的收集与整理，不能真实反映经营情况，造成大量人力资源和数据信息的浪费。

利用大数据整合大量数据进行对比和追踪，可以显著提高财务管理数据的准确性。然而，目前许多企业面临的问题是，现有的财务人员缺乏大数据思维且尚未掌握信息化工具；而技术人员虽然具备一定的数据处理能力，却又对财务管理理解不到位。这就需要企业重视综合性人才的培养和引进。

（六）提升财务管理信息对企业决策的支持力度

面对多维度的海量数据信息，传统的财务管理方式无法实现从收集、监测、整理到分析的大量工作。

如何建立适合自身的大数据平台，如何与合作伙伴建立数据共享机制，这需要企业拿出一套行之有效的方案，同时企业财务管理组织应该实现从会计核算到决策支持的转型。

（七）财务人员的角色转变

大数据为财务人员提供了从传统记账复核和简单的报表分析人员向更高层次、更具有价值的管理型人才转型的机遇。财务管理者应该清醒地认识从记录者到管理者的转变。

对企业管理者决策有用的信息，远远不止财务信息，还有大量的非财务、非结构化数据信息。这需要财务人员更好地掌握计算机技术，具备更强的数据处理能力。同时，具备良好的沟通能力和管理思维，做好财务管理和业务管理的有效融合。

（八）财务风险管控不足

在大数据时代，企业面临更多的风险与挑战，这要求企业对财务数据的管理、分析和反馈进行相应的调整和改进。

财务风险管控主要存在以下问题：

（1）财务管理风险意识淡薄，财务管理工作重视程度不够。

（2）财务信息管理失控，信息失真、记录不全、账外设账、弄虚作假。

（3）企业过度负债、债务链复杂、相互担保、相同资产重复抵押等等。

（4）内部财务监控机制不健全，管理者徇私舞弊，或者财务管理制度执行不力，难以形成有效约束力。

（5）高素质财务管理人员缺乏，人才培养脱节。

二、大数据对财务管理产生的影响

大数据对财务管理产生了深远的影响，主要体现在以下几个方面。

（一）提升财务管理效率

在传统的财务管理过程中，许多计算、分析和决策往往依赖人工完成，这种方式不仅效率低下，还容易产生错误。然而，借助大数据技术，企业能够更加高效地整理和分析海量数据，使财务管理的过程变得更加清晰和透明，从而显著提升工作效率。大数据的应用使得财务人员能够快速获取所需信息，作出更为精准的判断，优化资源配置，最终带来更好的管理效果。通过这种方式，企业不仅能够减少人为失误，还能在竞争激烈的市场中保持优势。

（二）辅助决策制定

大数据可以帮助财务管理人员更准确地判断企业的财务状况，为领导层的决策提供有价值的参考。通过收集海量数据，运用数据处理系统快速处理多项数据，财务管理方式得以向纵深发展，促进内控制度体系的完善，实现财政资金管理的提质增效。

（三）加强风险管理

在大数据的背景下，财务管理人员能够获取更为丰富的信息资源，包括客户的经营状况和市场发展的趋势。这使他们能够对潜在的风险进行更为全面的评估，从而制定出更加有效的风险管理策略。通过对这些数据的深入分析，财务管理人员不仅能够识别当前的风险，还能预测未来的变化，从而采取适当的措施来降低损失和提高决策的准确性。这种信息的广泛获取与分析，极大地增强了财务管理的科学性和前瞻性，为企业的可持续发展提供了有力支持。

（四）促进财务管理创新

随着大数据技术的引入，财务管理的范围已不再局限于传统的财务职能，而是逐渐扩展到研发、销售策略和人力资源等多个领域。这种跨领域的渗透为财务管理的创新与发展提供了新的机遇。通过对大量数据的分析，财务管理能够更好地支持企业的决策过程，从而提升整体运营效率。大数据为财务管理提供了更为全面的视角，使其能够在更广泛的业务环境中发挥作用，从而推动企业的持续发展。

三、财务管理与大数据的关系

以下是财务管理与大数据之间关系的一些关键方面。

（一）数据驱动决策

大数据为财务管理提供了前所未有的数据资源，使得决策更加科学、准确和及时。通过收集、整理和分析大量数据，财务管理人员能够更全面地了解企业的财务状况和市场环境，为企业的战略决策和日常运营提供有力支持。

（二）提高工作效率和准确性

大数据技术能够自动化处理和分析数据，减少人工操作和错误，提高财务管理的工作效率。同时，通过算法和模型的应用，大数据可以更加准确地预测和评估风险，为企业提供更加可靠的财务分析和预测。

（三）跨部门协同和信息共享

大数据技术可以实现跨部门的数据共享和协同工作，使得财务管理与其他部门之间的信息流通更加顺畅。这有助于提高企业整体运营效率，加强部门之间的合作和沟通。

（四）创新财务管理模式

大数据技术的发展推动了财务管理模式的创新。例如，通过云计算、人工智能等技术，可以实现财务管理的智能化、自动化和实时化，提高财务管理的效率和准确性。

（五）应对复杂和多变的市场环境

大数据技术可以帮助财务管理人员更好地了解市场环境和竞争对手的情况，从而及时应对市场变化和风险。这有助于企业保持竞争优势，实现可持续发展。

总之，财务管理与大数据之间存在密切的关系。通过利用大数据技术，财务管理人员可以更加科学、准确和及时地进行决策，提高工作效率和准确性，加强部门之间的协同和信息共享，创新财务管理模式，应对复杂和多变的市场环境。

第三节　数字化转型背景下的企业新财务管理模式

在数字化转型背景下，企业的财务管理模式正面临深刻的变革。这一变革不仅涉及技术层面的更新，更涉及管理理念、流程、组织结构和人员角色的全方位转变。

一、数字化转型背景下的企业新财务管理模式的特点

数字化转型背景下的企业新财务管理模式具有以下特点。

（一）数据驱动

数字化技术使得财务管理更加依赖于数据，通过对数据的收集、分析和挖掘，为企业决策提供有力支持。

随着大数据和人工智能技术的发展，企业可以更加方便和快速地获取海量数据，并通过数据分析和挖掘，实现数据驱动的决策。财务管理也能够通过大数据和人工智能技术实现精准的财务分析和预测，辅助管理层制定决策。

（二）实时监控

新财务管理模式需要实现实时报告和监控，确保管理层能够随时了解企业的财务状况和业务表现。这有助于及时发现问题并采取相应措施。

（三）自动化与智能化

通过采用自动化工具和人工智能技术，新财务管理模式能够减少手动操作，提高处理速度和准确性。例如，自动化账务处理、智能预测分析和风险评估等。企业财务管理模式向云端转型，利用云计算技术，实现财务数据的集中管理和远程访问，提高工作效率和降低成本。

（四）跨部门协同

数字化转型推动了企业组织结构的扁平化和跨部门协同工作。新财务管理模式需要财务部门与其他部门紧密合作，确保财务信息和资源能够实时共享，支持业务决策和运营。

（五）灵活性与适应性

数字化转型使企业面临的环境更加多变。新财务管理模式需要具备高度的灵活性和适应性，能够快速响应市场变化和业务需求。

（六）人才培养与转型

随着新财务管理模式的实施，企业需要培养一批具备数字化技能、分析能力和创新思维的财务人才。这包括提高员工的数字化技能水平、加强数据分析和预测能力培训等方面。

（七）信息安全与合规性

数字化转型也带来了信息安全和合规性方面的挑战。新财务管理模式需要确保数据的安全性和合规性，遵守相关法律法规和行业标准。在经营决策制定的过程中，企业需要进行长远规划，选择合适的经营项目，精准地进行财务数据分析，保证数据分析结果的有效性。

二、企业财务管理数字化转型

《管理会计兴衰史》中指出，就企业所处的环境而言，企业的财务管理系统已经远远不能满足企业管理的需要。这种说法在今天仍然成立。在数字化时代，企业应借助数字技术，重新聚焦于客户需求，并制定“有效价值增值”的科学发展战略。然而，到目前为止，“价值增值”的目标尚未被明确提出，新的财务管理模式亟待开发。既然原有的财务管理模式已经远远不能满足数字经济时代下财务人员的期待以及企业发展的迫切需求，未来的财务管理模式应何去何从？以下四个维度揭示了企业财务管理数字化转型如何落地实施，以期促进企业财务管理在数字化时代能发挥更大的价值。

（一）技术赋能维度

数字化正在根本性地重塑财务管理的底层架构，与各行业一样，财务管理也迎来了前所未有的变革时代。在这个时代，财务管理模式正随着技术的进步展现出更加灵活、互联互通、协同和共享的数字化特征。

财务管理转型其实是信息技术发展掀起的新一轮产业革命。随着人工智能引领的智能化技术的密集突破，财务工作将更加自动化和智能化，现有的财务管理运作模式将会遇到极大的挑战。科技发展日新月异，将财务人员的精力从传统模式下的大量低价值、高重复性的会计核算业务中释放出来，转向更具时效性、准确性和灵活性的智能财务领域。

利用先进的科技手段，如机器学习和大数据建模，可以进行智能化的分析和预测，这为财务管理模式提供了创造更多企业价值的可能性。新技术和新模式可以从核算工具、核算目标、核算对象、分析方法和结果呈现等多个方面全面增强企业财务管理的能力。例如可以通过打造智能的财务管理流程，提高效率、降低成本、控制风险。

（二）顾客价值驱动维度

如果说互联网改变了我们的经济、金融、社会等多方面的发展格局，那么数字资产将在这个基础上，再一次改变底层商业规律，各种新业态下的商业新模式都将涌现出来。因此，数字化时代急需创建基于财务管理模式创新的顾客价值驱动模式。

数字化时代顾客价值驱动需要通过价值活动来完成，基于数据深层次挖掘顾客的高效价值。工业时代我们将企业放在中心，考虑如何战胜竞争对手，而今天的商业活动是由“顾客主义”的逻辑主导的，数字化时代需要我们将顾客放在中心，寻求与顾客共生的广阔空间。

顾客价值是考虑所有问题的出发点，而不仅仅是行业变量或企业资源。而当顾客成为共创的主体、改变了价值创造和获取的方式后，可能导致爆发式（而不仅仅是线性）的增长，所以顾客价值驱动需要涵盖在新的财务管理模式中。

（三）财务人员角色维度

随着信息时代的到来，各个领域都在发生着巨大的变革，线下线上更紧密地结合。财务部门不仅要面对风起云涌的外部环境，还要随时应对因技术创新、业务转型加速带来的企业数字化转型的风险和变数，传统的“财务总管”角色再也不能满足企业管理的数字化时代新诉求。

企业对于财务人员的角色期待将从能够进行传统的会计核算、资金结算等基本业务，转向能够帮助企业进行数字化时代的战略调整、资源整合、优化配置等高端智能支持工作。

新一轮的财务管理模式变革，急需具有数字化思维、战略意识和综合能力的财务人员。有担当、有能力、有视野、有格局的财务人员将有更加广阔的职业发展空间。

（四）企业生存的协同需求维度

企业财务管理数字化转型，与决策层的支持和决心是分不开的。企业决策层如果能正视新技术的价值，意识到财务管理数字化转型的意义和重要性，就能很好地依托新技术推动财务管理创新，就会越重视、支持或者有决心推动财务管理数字化转型，就能从新技术中快速找准航道、发掘商机、引领企业发展的未来。

三、数字化转型背景下的企业新财务管理模式的优势

数字化转型背景下的企业新财务管理模式具有以下优势。

（一）成本优势

数字化技术可以简化财务管理流程，提高管理效率，降低成本。例如，数字化背景下，借助互联网和信息化手段，对企业的各种活动进行全方位的管理和监控，推动了财务管理的垂直化，提升了财务管理的有效性和时效性。

（二）风险控制能力优势

数字化技术的应用使得企业能够实时监测和预警财务风险，从而显著增强其风险管理的能力。通过先进的数据分析和监控系统，企业能够及时发现潜在的财务问题，并采取相应的措施来降低风险。这种实时监控不仅提高了风险识别的速度，还提升了应对突发财务事件的灵活性，帮助企业在复杂的市场环境中保持稳定。数字化手段的引入，使得信息的透明度和决策的准确性得以提升，为企业的可持续发展提供了强有力的支持。

（三）决策质量高

通过数字化技术，企业管理层能够获得更加精准和全面的财务信息，从而辅助他们做出更加科学和合理的决策。例如，在构建局域网络平台的同时，

全面收集、分析数字化背景下企业的各项经营信息，推动财务管理电子化，确保财务信息真实准确。

四、实现数字化转型背景下的企业新财务管理模式的措施

要实现数字化转型背景下的企业新财务管理模式，需要采取以下措施。

（一）建立数字化思维

企业需要认识到数字化技术对财务管理的重要性，建立数字化思维，积极拥抱新技术。运用新技术，推动企业财务管理模式由传统的核算型管理、技能型管理、精细化管理向管理型、智慧型、“大财务”管理模式转变，实现业务管理与财务管理的深度有机融合。

（二）完善数字化设施

企业需要加大投入，完善数字化设施，提高数字化技术的应用水平。比如，对于分子企业较多、合并口径较大的企业，要及时引进最新的财务管理平台，加快资金结算中心和财务共享中心建设，重构财务管理内控制度，重设财务管理流程。又如，企业要完善系统硬软件安全制度、数据定期备份制度以及定期检查监控制度等等。

（三）提升员工技能

企业必须对员工进行数字化技术的培训，以提高他们的技能，使其能够更有效地适应企业的数字化转型。

数字化背景下，企业财务管理人员不仅应拥有传统的财务管理、会计、数据处理等综合素质，还应拥有新知识、新技术及其应用能力，需要将自身职能前置，向业务口方向发展。为此，企业应全面提升财务人员的数字素养，一是要建立健全科学的财务管理人员培训体系，通过请进来、走出去，线上和线下相结合等方式加强对现有财务管理人员的培养与培训，不断提升他们的财务管理综合素质与能力，让其成功实现角色转变和定位，使其成为企业

运营系统中的左膀右臂。二是要健全招聘制度，积极引进素质高、能力强的复合型、多元化人才，切实提升企业财务管理团队的整体素质；三是定期对财务管理人员进行轮岗，让其熟悉企业各个领域的业务，能站在整个企业的全局审视财务管理工作。

（四）加强数据安全保障

在数字化转型过程中，企业需要加强数据安全保障工作，确保数据的安全性和保密性。例如，财务人员信息安全培训机制。通过培训，进一步强化他们的信息安全意识，提高他们的财务风险敏感性，来避免财务信息的不经意外泄。

总之，数字化转型背景下的企业新财务管理模式需要具备数据驱动、自动化与智能化、跨部门协同、实时报告与监控、灵活性与适应性等特点。同时，企业需要重视人才培养与转型以及信息安全与合规性方面的挑战，确保新财务管理模式的顺利实施和企业的可持续发展。

第四节　财务共享服务中心下的业财融合

在新时代的背景下，社会变革和转型升级的步伐加快，企业间的竞争日益激烈，新的业态、标准和模式不断涌现。传统的财务管理模式已经难以满足当前复杂的业务场景和管理需求。因此，越来越多的企业开始倾向于采用财务共享中心模式，借助大数据、区块链等信息技术手段，优化企业整体资源配置，重点推动业财融合的高质量发展。通过有效整合资源，实现统一操作、集中处理和标准输出，进一步发挥业财融合的价值导向作用，引领标准化、精细化管理水平的全面提升，为业务活动提供更具有价值、更具有指导性的数据分析和决策支持。

财务共享服务中心模式下的业财融合是企业实现数字化转型和财务管理现代化的重要途径。通过实现数据共享与分析、流程优化与协同、风险管理与内部控制以及决策支持与价值创造等方面的融合，企业可以提高工作效率、降低成本、增强风险控制，并为企业的战略决策和日常运营提供有力支持。

一、财务共享服务中心和业财融合

（一）财务共享服务中心的含义

财务共享服务中心（FSSC）是企业为了实现财务流程的标准化、集中化和高效化而建立的一种服务模式。

FSSC 作为一种新的财务管理模式正在许多跨国公司和国内大型集团公司中兴起与推广。它是企业集中式管理模式在财务管理上的最新应用，其目的在于通过一种有效的运作模式来解决大型集团公司财务职能建设中的重复投入和效率低下问题。

在 FSSC 模式下，企业可以将分散的、重复的财务业务集中到一个共享服务中心进行处理，从而提高工作效率、降低成本并增强风险控制。

案例分析

某大型企业一开始只做了集团层面的结账数字化，后来便慢慢扩展到了集团的下层单位，逐级包含了 200 多家子公司。这样一来，大家都不用重复建设、自己做平台了。他们只在这一个平台上操作，各层级想要怎么看、怎么管，想要的个性化配置都在这里实现。

（二）业财融合

1. 业财融合的含义

业财融合是指将企业的业务和财务两个领域进行有机整合，实现数据共享、流程对接和协同工作。在 FSSC 模式下，业财融合能够更好地支持企业的战略决策和业务发展。通过数据分析和预测，企业可以更加精准地把握市场趋势和客户需求，制定出更加科学合理的业务计划和营销策略。

业财融合涉及将业务运营与财务管理相结合，以便更全面地评估业务活动是否符合公司的发展战略。这一过程主要通过现代信息化技术实现，使业务和财务部门能够协同工作、共享数据资源，并将财务的管理和分析职能延伸到业务流程的起始点，从而实现业务和财务模块的协同与融合。

业财融合的成功取决于两个关键因素：一是建立一个适合企业发展的业财融合运作机制；二是精确找到业财融合的切入点。

2. 业财融合的意义

业财融合使得财务管理从事后的企业经营业绩的计量和反映，逐步转移到深入业务前端和过程监控，以资金的全链条贯穿企业的整体业务活动。财务职能从关注交易处理，转向决策支持和价值创造，从而能够高效地服务于企业整体发展战略。

3. 业财融合的目的

业财融合有利于资源配置的优化、生产效率的提高、信息化数据交互的加快、人才结构的更新以及企业文化的形成，可以实现人尽其才、物尽其用，进而更有保证地实现企业的各项经营任务目标。

二、业财融合和财务共享的关系

财务共享和业财融合相互促进、相互依赖。

业财融合是财务共享得以实现的核心，而财务共享则为业财融合提供了实际操作的平台和路径。具体而言，在明确目标的前提下，借助财务共享中心这一平台，可以从财务管理的角度出发对业务进行解读和分析，从而实现资源的优化配置。

通过业财融合的优势，能够有效量化解决方案，并提出有针对性的措施，从而全面提升工作效率，优化绩效管理。这有助于管理层及时发现管理实践中的不足，并利用关键指标的优势，确保生产经营活动得到科学合理的引导。此外，财务共享中心模式与业财融合目标的有机结合，能够实现业务时效与管理效益的平衡发展，满足系统管控的协调性需求，明确业务和财务活动的边界，落实岗位角色定位的要求。

案例分析

财务共享模式下业财融合的探索实践

——以某施工企业海外的 A 项目为例

一、项目特点

A 项目作为海外大型投资项目，具有投资额大、建设周期长、由多家企业共同参建、采用财务共享模式统一管理等特点。本文选取 A 项目为典型案例，可以从多角度、多维度深入探讨在财务共享模式下的业财融合。

二、业财融合的重点和难点

A 项目的特点决定了其统一协调难度大、成本管控难度大。因此，在业财融合推进过程中，应立足实际，精确定位，找到切入点，把握关键节点、关键因素。

1. 内部信息系统缺乏统一性及协调性

各部门根据业务分工和权限使用不同的信息系统，造成信息化分工难以明确以及软硬件兼容问题存在差异，无法落实统一化的接口情况，内部信息系统缺乏统一性、协调性。同时，会计核算具体涉及的材料、计量、合同管理方面体现出一定的独立性，难以满足集中精细化的控制要求，不利于进行全方位的溯源分析，导致整体的信息共享力偏弱，容易出现“信息孤岛”的问题。

2. 各分支机构差异明显，构建业财一体标准化体系难度大

由于 A 项目是多法人共同参建项目，企业人员构成情况复杂、文化差异显著，在项目管理、财务管理等方面都存在着一定的整合难度。如何在尊重差异的基础上，实现在同一平台下的会计核算的标准化、流程化、集约化，以及满足集中控制的要求，落实横向纵向数据共享问题，是在共享模式下业务融合得以有效推进的重要前提。

3. 管理点多、线长、面广，整体内部协调难度大

A项目作为独立分支机构，独立核算，自行管理，有健全的组织结构，由管理层和各职能部门统一进行项目的日常现场施工管理决策，同时将多家参建单位均纳入统一共享平台管理，布局分散，管控环节较多，管理链条较长，统一协调难度大。此外，怎样挖掘和激发业务部门对财务管理服务的需求，把业财融合理念、共享思维传输给业务部门，是A项目财务部面临的极大挑战。

4. 当地税制多样化且不稳定

A项目所在国是一个发展中国家，其税务体系总体框架基本照搬西方模式，由于税目较广、税率较多，随着经济形势的波动变化，当地政府为增加财政收入，阶段性地修订税制，以此扩大税源、增加税收，导致税务政策连续性、稳定性不足，同时也增加了A项目被审计、被稽核风险。其税制的特殊性和复杂性，且无项目所在国成熟的税务筹划方案可借鉴，进一步增加了税务管理的整体统筹难度。

三、财务共享模式下业财融合的实施策略

基于项目特点和业财融合重点难点的分析，A项目建立了财务共享中心，将分散的业务，差异化、多样化的管理，按照统一标准、统一模式进行充分整合，建立统一的业务融合目标，并按步骤、分阶段计划实施，循序渐进推动业财融合的横向推进、纵深发展。

1. 依托财务共享平台，价值引领业财融合新模式

为实现业务系统和财务系统之间的有效对接，打破数据孤立壁垒，解决信息不对称问题，A项目搭建了统一的信息共享平台，针对业务特点对相关系统接口进行统一的管理，将电子报账系统、电子影像系统、电子凭证管理系统、合同系统、资金管理系统与财务核算系统集成整合。依托财务共享中心平台，在统一的信息系统平台载体上进行数据关联、分析、整合，将业务系统产生的数据实时传送到财务系统进行汇总、加工、处理，实现内部信息在各层级、各部门间的快速传输和实时共享。

在大数据时代，通过不断优化共享信息平台，在系统层面实现了标准化

的财务流程及业务流程，为业财融合的进一步推进奠定了基础。另外，财务共享中心作为数据集成中心，需要提供统一的数据标准、流程服务，通过整合内部资源，将业务、流程、会计核算按标准化统一执行和输出，是发挥共享职能的关键因素，也是业财不断融合、深化、进阶的催化剂。

（1）核算标准化。为统一标准化流程和核算规范，A项目建立了《财务共享中心会计核算规范》，在规范中对项目所涵盖的全部业务类型进行了梳理和分类，以业务明细为三级分类基础，逐级归集，汇总到终端统一的会计科目核算，打破了业财之间的数据壁垒，为项目全过程、全周期的成本规划、管控、决策奠定了基础，同时也为预算管理的可操作性、可执行性做了基础的铺垫。

（2）流程标准化。加强财务部门和业务部门的协作，集思广益，群策群力，共同探讨和分析，按集约化、扁平化、精细化管理要求，逐项梳理业务分类，评估流程设置的合规性、合理性是否满足内控管理要求，根据不同业务类型、重要性重设流程，整合和优化重复性高、效率低下的流程，去繁化简，精简流程，持续改进标准化的操作流程。

（3）管理数据口径标准化。建立了归口统一、数据输出统一的数据汇总和分析机制，注重数据分析、业财数据融合，拓展了关于合同履约、税务管理、属地员工工资发放情况、债权债务明细表等管理报表的分析维度，及时准确把握各单位可能存在的财务、生产、经营风险，突破原有简单的数据汇总、比例趋势分析，逐步到剖析波动、偏差原因分析，再深化到财务报表数据背后的经济逻辑可视化呈现、解读和分析，财务辅助支撑生产经营决策的作用进一步凸显，各单位的经营成果进一步明晰，为生产经营决策提供更易懂、更直观、更透彻的财务数据支持。

2. 以全面预算为基础，驱动业务融合目标落地

预算管理的制定、实施、监控，需要财务部门和业务部门的数据信息共享、相互协作，业务部门负责对业务数据的及时更新和科学预测，以提供多元化的预算编制信息为目标，从源头把关数据基础。财务部门则通过建立数据分析模型，加强财务分析、数据转化的功能作用，形成多维度的数据共享

中心，全面发挥预算数据信息在决策优化、风险预警等方面的作用。

A项目坚持以预算管理为抓手，发挥预算管理作为“指挥棒”的引领、协同、导向作用，以数字化语言贯彻要求、计划管理、量化考核，以此为基础引导具体行为和规范。通过预算管理的全面实施，提升管理水平，规范行为，引导各项成本管理行为在预算标准范围内实施，以标后预算为基础，按月编制经济活动分析报告和标后预算执行情况总结，从而有效堵塞成本管理漏洞和防范舞弊风险，并全面提高成本管控水平，实现降本增效目标。另外，在资金的预算管理上，采用“集中管控、以收定支、计划审批、专项清算、专款专用、计划执行、账务监控”的资金管理模式，建立了动态的资金数据分析窗口，实时掌握资金计划执行情况，防范无计划、超计划等违规支付风险，重点关注计划执行差异率5%以上支出项目，分析差异原因，引导资金流向更具效益、价值的生产经营方向，提高资金使用效率。

3. 明确业财融合目标，主动融入、深度对接业务前端

在落实业财融合工作时，首先需要财务人员提高站位，发挥上传下达的“润滑剂”作用，平衡各方关系，整体协调内部利益和目标偏差，主动融入，充分沟通，了解业务诉求和发展需要，寻求业财融合的互通点、协作点；其次是按部门性质和业务分类，分别指定专岗专职财务人员，深入业务前端，以更直观的视角、更全面的分析为合同审批、税务筹划、计价计量等提供可行性的财务指导意见，深入了解业务发生背景、动因、实质，识别风险点，并及时提出解决办法，预防和规避风险方案，从实际出发，实现战略财务、管理财务、业务财务的多层次融合。

4. 推动税务合规与企业经营深度融合

A项目作为重要的境外投资项目，通过对税务管理工作进行全面、系统的梳理和总结，明确战略目标，并将税务合规与企业经营深度融合作为企业的重要发展方向。

一方面，A项目聘请会计师事务所对财务人员进行了税务管理的相关培训工作，并邀请部分具有足够职业素养和专业胜任能力的事务所人员进入企业，深入项目所属的参建单位、关联公司，对税务管理合规的相关内容进行

全方位的收集、汇总、分析、融合工作，进而建立健全符合境外监督要求的税务管理体系。

另一方面，在借助外部力量的同时，A项目管理层在公司统一领导下，对税务管理合规视角下的业财融合工作进行了内部挖潜、内部升级。在财务共享模式加持下，加大非财务数据的收集工作，并运用大数据技术手段，对收集到的相关信息、数据进行统一的筛选、整理、分析、预测工作，进而帮助企业实现业财融合和税务合规双重目标。

5. 注重“业”与“财”绩效融合，发挥绩效管理的评价、引导作用

为了保障落实业财融合的各项工作，应明确发挥好考核、奖惩机制的调节作用。A项目财务部在绩效管理方面进行了大胆的创新实践，不仅表现在内部评价和考核，而且更进一步拓展到财务和业务的相互影响、相互融合的考核评价体系，注重综合反馈，交叉评价，并定期总结阶段性业财融合成果以及明确下一阶段业财融合发展目标。

(1) 引导“转型”。在A项目财务部和共享中心内部，已形成定期的轮岗和人才培养机制，一方面鼓励财务人员坚持学习，主动转型，拓展财务知识领域、结构层次，提高业务认知和洞察力，学习更务实、更合理的财务分析方法，全方位提高信息预判、财务分析、决策支持等综合能力；另一方面，鼓励财务人员转变工作思路，深入现场，了解一线业务流程和操作，更多参与规则制定，引导“转型”，从基础操作者往高阶财务价值创造者发展，进一步探索信息化、智能化辅助管理和决策的手段，转型升级为跨界融合者、数据分析师。

(2) 细化“评价”。按照精细化管理要求，并结合自身实际管理需求，进一步完善绩效考核评价体系，在定量考核方面，对各项因素按权重比例进行考核计分，按资金管理、会计基础工作、财务共享中心工作、内控与风险管理、税务管理工作等方面进行大类考核，并进一步细分到31类小分项，做到更具体、更细化，关注效率和会计信息质量的较为翔实的反馈；在定性考核方面，则根据定量考核结果，结合日常工作态度、配合度，以及协调其他部门和其他单位的能力，对被考核人员进行全面、客观、公正的评价。

(3) 持续"优化"。"业"与"财"是密切关联、相辅相成的整体，业财融合理念已经深入到A项目的各项标准制定和流程管理中，在同一链条下环环相扣、分工明确，又彼此协作，一步步地打通业财融合的信息互通壁垒。因此，必须着眼全局，从全价值链角度、全生命周期总体审视，以预算管理目标为基础，进一步优化差异化的绩效考核体系，设定个性化评价标准。同时，通过绩效评价结果和预算对比，分析偏差原因，做好趋势预测和分析，并评估绩效评价体系中是否存在不合理的方面，动态调整，持续优化。

结语

综上所述，结合A项目的当前实际情况，海外项目在推动高质量的共享中心发展的实践中，应通过业财融合来实现可持续化发展。通过发挥财务共享中心的优势，不仅可以全面有效地控制运营成本，防范潜在的财务风险和经营风险，还能进一步提升精细化管理水平，发挥财务管理和生产策略的优势，从而更有效地推动专业化、标准化和集约化的发展。同时，我们也应认识到，海外项目财务共享中心模式下的业财融合发展对于全面提升核心竞争力、提升整体价值以及促进高质量发展具有重要意义，并为海外大型项目在共享模式下的业财融合探索实践提供了可复制、可参考的经验。

三、在FSSC模式下，业财融合的实现

在FSSC模式下，业财融合的实现可以从以下几个方面展开。

(一) 数据共享与分析

FSSC通过集中处理财务业务，积累了大量的财务数据。这些数据可以与业务数据进行整合和共享，为企业的战略分析和业务优化提供数据支持。企业需要建立统一的数据平台，实现业务和财务数据的实时共享，确保数据的准确性和一致性。

（二）流程优化与协同

FSSC 通过标准化、集中化的财务流程，可以优化企业的业务流程，提高工作效率。同时，FSSC 可以与业务部门进行协同，共同推进流程优化和改进。企业需要将业务流程和财务流程进行有机整合，打破部门之间的壁垒，实现流程的顺畅对接。例如，FSSC 系统与集团内部各子公司的 ERP 系统实现对接，从 ERP 系统自动获取子公司的业务数据。

（三）风险管理与内部控制

FSSC 在集中处理财务业务的过程中，可以加强对财务风险的管理和内部控制，提高企业的风险管理水平。例如，FSSC 系统会对子公司上报的业务数据进行规范和校验，确保数据准确性。

（四）决策支持与价值创造

通过 FSSC 模式下的业财融合，企业可以更加准确地了解自身的财务状况和业务运营情况，为企业的战略决策和日常运营提供有力支持，从而创造更大的价值。FSSC 系统提供可视化图表，展现子公司业务数据与财务数据的对应关系和趋势变化。

为了实现 FSSC 模式下的业财融合，企业需要采取一系列措施，包括建立完善的数据共享机制、优化业务流程和协同机制、加强风险管理和内部控制等。同时，企业还需要注重人才培养和团队建设，提高员工的财务和业务素质，为业财融合提供有力保障。

第七章　企业数字化转型的创新发展

全球各大科技强国在5G、大数据、人工智能等信息技术重点领域的竞争日益激烈，严峻的外围形势凸显了科技创新能力的重要性。企业数字化转型必须不断创新，构建智能化数字平台、企业级大数据平台、企业数字中台。精益数据理论驱动的数字化转型，已经势在必行。

第一节　构建智能化数字平台

在当今快速发展的数字时代，智能化数字平台已成为人们生活中不可或缺的一部分。它以其强大的信息处理能力和高效的信息传输，为我们的工作、学习和生活带来了极大的便利。

绿色低碳高质量发展是中国式现代化的必然选择。数字化是绿色低碳发展的推动力，是构筑新竞争优势的有力支撑。数字化的一个关键发力点在于加快打造数智化平台。这是融合数字化、智能化的新一代高性能技术平台，是集网络、云计算、大数据、人工智能、区块链为一体的创新型技术平台。实践表明，基于数智化平台的管理过程透明、公开、公正、实时，可避免不必要的人为干扰，减少各种不可预见性。

党的十八大以来，以习近平同志为核心的党中央以前所未有的力度抓生态文明建设，提出一系列原创性的新理念、新思想、新战略，坚持绿色发展理念，擘画美丽中国蓝图，形成并确立了习近平生态文明思想，开展了一系列根本性、开创性、长远性工作，走出了一条绿色低碳高质量发展道路，推动我国生态文明建设发生了历史性、转折性、全局性变化。

绿色低碳高质量发展是中国式现代化的必然选择。数字化是绿色低碳发展的推动力，是构筑新竞争优势的有力支撑。数字化的一个关键发力点在于加快打造数智化平台，这也为助力绿色低碳高质量发展指明了前进方向和方法路径。新形势下，应基于不断完善的数据资源，探索建立以三维数字孪生为核心的“减污降碳协同增效”数智化平台，推动各类园区绿色低碳高质量发展。

一、构建智能化数字平台的步骤和要点

构建智能化数字平台是企业实现数字化转型的关键步骤之一。智能化数字平台能够整合企业的各种数据资源，通过先进的数据分析、机器学习和人工智能技术，为企业提供智能化的决策支持、业务优化和创新驱动。

构建智能化数字平台的一些关键步骤和要点如下。

（一）定义目标和战略

在着手开发智能数字化平台之前，首先需要明确建设智能化数字平台的目标与战略。这一步骤至关重要，旨在确保所构建的平台能够与企业的整体战略相匹配，并与业务目标保持一致。通过这种方式，可以有效地引导平台的建设方向，使其更好地服务于企业的长远发展。在此过程中，明确的目标和战略将为后续的设计与实施提供清晰的框架，从而提升平台的整体效能和适应性。因此，在任何开发工作开展之前，务必认真思考并规划好这些关键要素，以确保最终成果能够切实支持企业的战略愿景和业务需求。

（二）数据整合与治理

企业需要对内外部各类数据资源进行全面收集与整合，这包括结构化数

据、非结构化数据以及实时数据等多种形式。同时，建立一个完善的数据治理体系显得尤为重要，以确保所收集数据的准确性、一致性和安全性。通过这种方式，企业能够有效管理和利用数据资源，为决策提供可靠依据，从而提升整体运营效率。数据治理不仅是对数据质量的把控，更是对数据安全的保障，确保企业在数据驱动的时代立于不败之地。

（三）选择合适的技术栈

根据企业的具体业务需求和技术能力，选择合适的技术栈至关重要。这一过程涉及确定适用的数据处理工具、分析算法、机器学习框架以及人工智能技术等。这些技术选型不仅需要与公司的业务目标相契合，还要考虑现有技术资源的兼容性和扩展性。在评估过程中，企业应综合考虑数据的种类、处理的复杂性以及分析的深度，以确保所选取的技术能够有效支持业务的持续发展和创新。通过合理的技术栈选择，企业能够更好地利用数据资源，优化决策流程，并提升整体运营效率，从而在竞争中占据优势。

（四）建立数据模型与分析引擎

构建一个与企业运营相匹配的数据模型，并设计一个高效的数据分析引擎，以实现对数据的迅速处理与分析。这一过程旨在提升数据分析的速度和效率，从而为企业提供及时的决策支持。通过优化数据处理流程，企业将能够更好地利用数据资源，挖掘潜在的商业价值，增强整体竞争力。同时，借助先进的分析工具，企业能够快速响应市场变化，做出更加精准的战略规划。数据模型的合理设计与分析引擎的高效运作将成为企业成功的关键，推动其在快速发展的市场环境中稳步前行。

（五）智能化应用开发

通过运用数据分析和机器学习技术，开发出一系列智能化应用程序，例如智能推荐系统、智能预测工具和智能决策支持平台。这些应用旨在提升企业的运营水平和工作效率，帮助企业在激烈的市场竞争中保持优势。借助这些先进的技术，企业能够更加精准地把握市场动态，优化资源配置，从而实现更高效的决策过程和更优质的客户体验。这不仅有助于提升企业的整体业务表现，也为其长期发展创造了新的机遇。通过这些智能化工具的引入，企业可以在数据驱动的时代中，获得更深刻的洞察力和更灵活的应对能力。

（六）平台集成与部署

将智能数字平台与企业现有的信息系统有效整合，以实现数据的互通与共享。同时，选择适宜的部署方式，比如云服务、私有云或混合云等，保障平台具备良好的可扩展性和灵活性。这种集成不仅能提升信息流动的效率，还能满足企业在不同阶段的需求变化。通过精心设计的架构，确保系统能够随时适应新的挑战与机遇，推动企业的数字化转型。同时，优选的部署方式也将为企业提供更强的安全性和管理便捷性，使得数据资源能够在不同环境中得以安全共享，从而促进决策的科学性与高效性。

（七）持续优化与升级

建立一个持续改进和升级的机制，以适应企业业务的发展和技术的进步，确保平台能够不断进行迭代与优化。这种机制将使平台在竞争中保持优势，并适应市场的变化。通过定期评估和分析平台的性能，及时引入新技术和优化方案，企业能够有效地提升平台的功能和用户体验，从而增强其市场竞争力。这样的动态调整过程不仅能应对行业的快速变化，还能满足客户日益增长的需求，确保平台始终处于行业前沿。

（八）培养人才与团队

要构建一个智能化的数字平台，必须拥有一支在数据科学、机器学习和人工智能等领域具备专业知识的人才团队。为此，企业需要加强对员工的培训，吸引更多高素质人才，同时建立有效的激励机制，以确保平台的可持续发展。这种人才战略不仅能够提升团队的整体素质，还能为数字平台的创新与进步提供坚实的支持。通过优化人才管理和引进策略，企业能够推动智能化数字平台的不断演进与完善。

二、智能化数字平台的建设和发展

智能化数字平台的建设和发展，得益于先进的信息技术和不断创新的应用模式。它通过收集、整理、分析和应用各类数据，实现了信息的快速传递和有效利用。这种平台不仅提高了工作效率，还为各行各业的发展提供了强大的支持。例如，中化农业打造数智驱动的现代农业全产业链服务平台，促进农民增收、产业增效、消费者得实惠。

智能化数字平台的优势在于其强大的数据处理能力和智能化决策支持。通过数据分析，我们可以更深入地了解市场趋势、消费者需求以及企业运营状况。这有助于企业制定更科学的战略和更高效的运营计划，实现持续的发展。

构建智能化数字平台是一个复杂而长期的过程，需要企业从战略、技术、人才等多个方面进行全面规划和实施。通过构建智能化数字平台，企业可以实现业务的数字化、智能化和高效化，提升企业的核心竞争力和创新能力。

智能化数字平台已成为时代发展的必然趋势。它以其独特的优势，为我们提供了前所未有的机遇和挑战。未来，智能化数字平台的发展将更加广泛和深入。智能数字化平台将实现与更多平台和系统的融合。通过整合不同平台的数据和资源，企业可以实现更高级别的智能化和自动化，提高运营效率和市场竞争力。智能数字化平台将更加注重个性化定制，企业可以根据自身的需求和特点，定制平台的功能和界面，实现平台的个性化和差异化。

第二节 基于数据处理的企业级大数据平台

随着科技的飞速发展，大数据已经成为企业的重要资源。如何有效利用这些数据资源，提升企业的竞争力，是当前亟待解决的问题。基于数据处理的企业级大数据平台，正是解决这一问题的关键所在。

一、企业级数据平台的含义

（一）企业级数据平台

企业级数据平台指的是支撑企业的数字化业务创新和运营的技术基础平台，提供数据驱动、精准决策的全方位技术支撑。

从公司整体的数字化战略的视角来看，数据平台通过统一的数据整合、存储、计算和服务能力，可以打破企业内部壁垒，服务于企业内的不同业务部门和组织部门，将无形的业务流程自动化和数据化。为了达到既定的战略要求，企业数据平台需要实现几个必要的统一，主要包括：

（1）统一整合企业内、外部各类业务系统数据，尽量做到“应存尽存、能收则收、层级化管理”。

（2）统一管理企业内外部数据资产，形成企业统一数据治理标准及规范，落实数据安全管控，将数据资产化和业务化，实现“数据既能管得住，也能立即用”。

（3）统一支撑企业以及各个组织部门、子公司等创新型应用和业务，提供包括实时计算、离线计算、机器学习等在内的多样化的计算能力，辅助按需提供的算力和数据资产，从而发现数据的业务价值，通过数据驱动来推动经营优化、创新业务探索、风险控制等新业务，推动企业数字化转型。

（二）数据架构的设计

数据架构描述如何管理从收集到转换、分发和使用的数据。它为数据及其在数据存储系统中流动的方式设定了蓝图。它是数据处理操作和人工智能应用程序的基础。数据架构的设计应该由业务需求驱动，数据架构师和数据工程师使用这些需求来定义相应的数据模型以及支持它的底层数据结构。这些设计通常有助于满足业务需求，例如报告或数据科学计划。

随着物联网等新兴技术的出现，新的数据源不断涌现，良好的数据架构可以确保数据易于管理且具有利用价值，从而支持数据生命周期管理。更具体地说，它可以避免冗余数据存储，通过清理和重复数据删除来提高数据质量，并支持新的应用程序。现代数据架构还提供了跨域（例如部门或地理区域之间）集成数据的机制，打破了数据孤岛，因而消除了将所有数据存储在同一地方所带来的巨大复杂性。现代数据架构经常利用云平台来管理和处理数据。虽然它的成本更高，但它的计算可扩展性使重要数据处理任务能够快速完成。存储可扩展性还有助于应对不断增长的数据量，并确保所有相关数据都可用，以提高训练 AI 应用程序的质量。现代数据架构具有七大特征：

（1）云原生和支持云，让数据架构能够从云技术的弹性扩展和高可用性中受益。

（2）强大、可扩展且可移植的数据管道，将智能工作流、认知分析和实时集成结合在一个框架中。

（3）无缝数据集成，使用标准 API 接口连接到原有应用程序。

（4）实时数据支持，包括验证、分类、管理和治理。

（5）解耦且可扩展，因此服务之间没有依赖关系，而且开放标准支持互操作性。

（6）多租户支持能力。

（7）经过优化，在成本和简单性之间取得平衡。

二、企业级统一数据平台的五大能力要求

起初，数据平台技术的定位是储存原始格式数据的大数据平台，可容纳结构化、半结构化、非结构化及二进制的数据。随着大数据技术的不断融合和发展，数据平台的边界逐渐拓宽，其内涵也经历了深刻的变化，逐步形成了 5 大能力要求。

（一）数据多源异构

数据平台能够整合和集成多源异构的海量数据，支持结构化、半结构化、非结构化等各种数据模型，这样就能够保证即使后期业务有了新的需求，数据平台也能够即时地完成数据接入、整合和最终的服务，在技术上也能够支

撑企业落地“应存尽存、能收则收”的数据战略。

（二）数据统一的存储与管理

随着分布式存储技术的快速发展，提供统一的数据存储服务已经成为业内的共识，在实现方式上可以是物理上的统一（所有数据通过物理复制到企业数据平台上）或逻辑上的统一（部分数据仍然在其他数据存储中，但可以通过元数据管理、数据联邦等方式实现逻辑的存储管理）。基于统一的数据存储和管理能力，企业才能从根本上解决“数据孤岛”的打通问题，并且往上对接各种计算引擎和数据管理工具，从而为后续的数据资产化和服务化打好基础。

（三）多范式计算

数据资源自身能够提供的价值是有限的，而通过多维度的碰撞、关联分析或智能化学习后，隐藏在海量数据里面的离散价值就可以被发现和挖掘出来，从而将数据变成有价值的资产。由于支撑业务的多样性，企业级数据平台需要支持多种计算引擎，满足不同数据计算分析需求，支持离线计算、实时计算、图计算、机器学习等多种计算范式，让不同的开发者和分析师可以按照他们的技能领域和业务范畴来选择合适的计算工具或引擎，让数据被真正地开发和利用起来。

（四）数据服务多样化

数据服务是衔接数据平台和业务之间的关键要素，或者说是数据平台为业务和组织生产的关键产品。企业的产品是企业实现经营性目标的核心交付方式，也是与用户建立黏性的关键介质；同样的类比也适合于数据平台，因此作为数据平台产品的各种数据服务也是保证数据平台成功的关键要素，要做到质量高、品类丰富、安全合规和服务方式多样化，可支撑各种业务领域。目前企业内主要的数据服务形式包括 SQL、API、数据指标、数据标签和数据模型等。

(五) 应用广泛

目前各个行业的企业数据应用发展势如破竹，如面向企业经营分析的各类数据分析产品，以及面向消费者业务的数据决策类产品等，应用的创新速度超过数据平台本身。数据平台和数据应用平台可以分开建设，也可以统一建设。在统一建设的模式下，企业数据平台除了给业务应用提供数据资源或数据资产外，还可以为数据应用提供资源调度和生命周期管理能力，这样不仅可以提升应用的性能，还可以提供弹性伸缩、资源隔离等应用所需的基础支撑，从而可以让数据应用更加健壮和高效。

三、企业级统一数据平台的设计考量

以往，传统多采用面向运维和管理的 IaaS（基础设施即服务）方式。而今，为了能够帮助企业快速地支撑业务的需求，更好地满足数字应用的开发和运营，企业数据平台应该是以 PaaS（平台即服务）来对内对外提供服务能力。在 PaaS 构建的过程中，为了能够适应未来企业的灵活、快速变化的业务需求，企业数据平台需要遵从如下的几个主要设计考量。

(一) 以数据为中心，业务导向

在总体的设计思路上，我们应该从传统的以资源为中心，以运维便利性作为首要考量因素，转变为以数据为中心，以业务作为导向，将可以加速业务创新速度的技术作为更优先的指标。数据、应用和智能是数字化的三大核心原料，我们需要在一个 PaaS 平台上提供包括数据分析、应用开发和智能建模等在内的完整的工具链，并开放给尽可能多的使用者来尝试创新。

(二) 云原生

传统的虚拟化技术因为有很大的技术开销，启动和关闭速度慢，扩缩容能力弱，所以并不适合包括微服务、分布式系统在内的新一代工作负载。容器技术有效解决了相关问题，可以在提高数据中心的资源使用率的同时，给微服务提供更好的弹性和扩展能力。而通过技术创新，容器技术同样可以支持包括分布式数据库在内的复杂业务系统，同时还可以提供多租户、自动扩展、自动化冗余等能力，这对业务开发者来说进一步降低了运维的难度。因此，容器化技术是未来。

（三）融合互通

约瑟夫·熊彼特曾经指出，创新是生产要素的重组。重组可能主要做加法，做融合或者通用化；也可能是做减法，做分离和专用化。融合带来通用和低成本，但是会有一些冗余；分离的优势是高性能和特定场景的能力，但是应用场景少、成本高。融合追求大众普适，分离面向专业群体。

数字化基础设施的用户是面向企业或组织内广泛的应用开发者、数据建模人员以及业务人员，所有处在业务一线的人员都是数据生态的重要人员。因此在设计数字化基础设施的时候，我们需要充分考虑通用性和低成本，这样才能更好地服务于目标对象。

从技术的角度来分析，应用可能会运行在公有云、私有云、边缘端等任何可能有计算能力的地方，而数据也会随着业务而沉淀，因此我们在设计的时候就需要考虑应用的跨云能力、数据的互通互联、云端和边缘端协同等，从而减少各种可能的孤岛问题。

（四）层次化设计

在架构设计上，需要从传统的以应用驱动开发的方式形成的技术栈，转变为追求服务共享、复用的层次化设计。图 7-1 是企业数据平台的设计思路，它不仅包含了技术底层，还有数据业务中心层和业务服务层。

最上层是直接服务于业务的服务层，提供 App、web 等之间的访问和交互能力；中间层是企业的数据业务中心，也是最核心的部分，它包含企业沉淀的各种有效的业务服务和数据服务，业务按照 DDD（领域驱动设计）原则进行服务划分，数据都做了有效的建模形成数据资产，这可能包含数据仓库、数据湖或者数据中台的建设；而最底层应该是云基础平台，提供包括大数据、AI、数据库、计算、网络、安全等在内的技术能力。

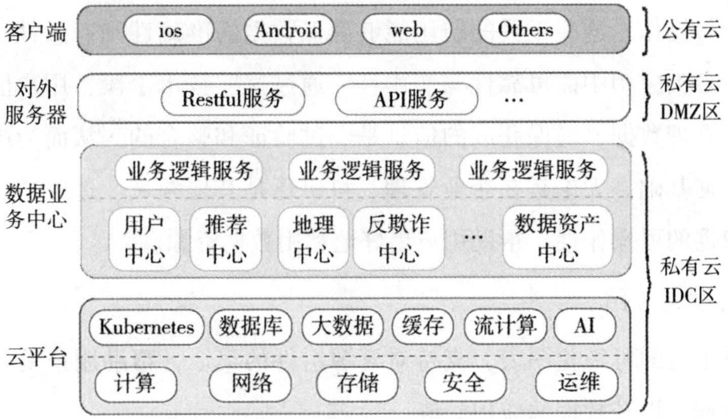

图 7-1　企业数据平台的设计思路

四、基于数据处理的企业级大数据平台的含义和特点

（一）基于数据处理的企业级大数据平台的含义

基于数据处理的企业级大数据平台是一种集数据存储、处理、分析和应用为一体的综合性平台。它可以帮助企业实现海量数据的快速处理、分析和挖掘，为企业提供更加精准、高效和智能的决策支持。

基于数据处理的企业级大数据平台是当前企业发展的关键所在。通过大数据平台的运用，企业可以更好地把握市场和用户需求，优化运营管理，创新业务模式，提高竞争力和盈利能力。

（二）基于数据处理的企业级大数据平台的特点

该平台通常包括以下特点。

1. 海量数据存储

平台支持多种数据存储结构，支持 TB、PB 甚至 EB 级别的数据存储，可以容纳企业各种类型的数据，包括结构化数据、非结构化数据、流式数据等。

2. 高效数据处理

提供多样化的数据处理工具和技术，以便于进行数据的清洗、整合、转换及分析等操作。这些工具的使用能够确保数据的准确性和有效性，进而提升数据在各类应用中的可靠性与实用性。通过这些技术手段，用户能够高效地处理和管理数据，确保获取的信息是经过验证和整合的，从而为决策提供坚实的数据基础。无论是在企业管理、科研还是其他领域，这些功能都能极大增强数据的可操作性，帮助用户更好地利用数据资源。

3. 可视化应用

提供丰富的可视化图表，支持对开源组件的集成，帮助用户更好地理解和分析数据，提升数据的应用价值。

五、构建基于数据处理的企业级大数据平台的关键

在构建基于数据处理的企业级大数据平台时，需要考虑以下几个方面。

（一）数据来源和类型

要清晰地识别数据的来源与类别，以确保该平台具备处理和分析多种类型数据的能力。此举不仅有助于优化数据管理，还能提升分析的准确性与效率。通过系统化地分类和标识数据，平台能够灵活应对不同的数据需求，并提供针对性的解决方案。此外，支持多种数据处理方式将使用户能够更好地挖掘数据价值，从而推动决策的科学化与智能化。总之，明确数据的来源与类型是实现高效数据分析的基础，能够有效提升整个数据处理流程的灵活性与适应性。

（二）数据处理需求

根据企业的业务需求，确定数据处理的目标和流程，选择合适的数据处理工具和技术。

企业级大数据平台支持对结构化、半结构化和非结构化数据的实时上传、

存储、分析和计算。这包括离线计算和实时计算，以及流式处理，满足企业级应用多样化的数据处理需求。

（三）安全性

在利用大数据平台的同时，企业也需要注意数据的安全和隐私保护。大数据平台需要具备强大的安全保障机制，确保数据不被泄露和滥用。企业级大数据平台提供多租户的软硬件资源和数据隔离应用，支持数据传输通道和数据加密等保密机制、企业级安全认证机制以及 SSO 验证。

同时，企业还应制定严格的数据管理政策，以保护用户的隐私和企业的商业机密。例如，奇安信紧跟时代产生的新场景需求，助力企业提升产品安全性，维护软件供应链安全；浙江大华从多个场景的特点出发，构建具有针对性的场景化解决方案。

（四）可扩展性

企业级大数据平台的应用场景广泛，包括但不限于市场分析、风险管理、客户行为分析、供应链优化等，通过这些平台，企业能够更好地理解和利用其数据资产，实现业务创新和增长。企业应考虑平台的可扩展性，确保平台能够随着企业业务的发展而不断扩展和升级。

随着数字技术的普及，越来越多的企业开始将数字科技运用到日常生产活动的每一个环节中。实践证明，数字技术不仅能显著降本增效，而且能为企业产品创新和业务发展带来全新可能。

六、基于数据处理的企业级大数据平台的优势

基于数据处理的企业级大数据平台具有以下优势。

（一）提升企业决策水平

大数据平台通过对海量数据的收集、整理和分析，能够为企业提供全面、准确的数据支持。这些数据有助于企业更深入地把握市场动态和用户需求，

从而制定更加科学、合理的决策。

（二）优化企业运营管理

大数据平台还可以通过对企业内部数据的分析，帮助企业优化运营管理。通过对生产、销售、物流等各个环节的数据分析，企业可以发现存在的问题和瓶颈，从而有针对性地进行改进和优化。这不仅可以提高企业的生产效率，还可以降低成本、提升企业的盈利能力。

（三）创新业务模式

基于数据处理的企业级大数据平台不仅仅是一个数据分析工具，更是一个创新的引擎。通过对数据的深入挖掘和分析，企业可以发现新的业务机会和模式，开拓新的市场领域。例如，通过分析用户的消费行为和社交媒体数据，企业可以推出全新的营销策略和商业模式，从而实现业务的快速增长。

总之，基于数据处理的企业级大数据平台是企业数字化转型的重要支撑，可以帮助企业实现海量数据的快速处理、分析和挖掘，提升企业的决策水平和竞争力。同时，企业也需要注意数据的安全和隐私保护，确保数据的合规使用。在未来的发展中，基于数据处理的企业级大数据平台将会发挥越来越重要的作用，为企业的发展提供强有力的支持。

第三节　中台战略与企业数字中台建设

中台战略与企业数字中台建设是企业在数字化转型过程中的重要组成部分。中台是一个自下而上的信息化梳理过程，即通过信息系统建设来规范并整理企业业务。中台战略的核心思想是将企业的共性业务、技术和数据能力进行抽象和沉淀，形成可复用的中台能力，以支持前台业务的快速创新和发展。这种战略能够解决资源浪费、效率低下的问题，并提升企业的整体竞争力。

一、认知中台战略和企业数字中台建设

（一）中台战略的含义

中台战略是一种以数据为驱动、技术为支撑、组织和流程为保障的企业架构，它强调通过连接内外部资源，实现数据的集中和整合，打造核心业务能力来应对市场的快速变化。中台建设，本质上需要我们改变原有的内部研发模式，从单一产品设计转为企业级产品设计。

企业进行数字化转型的目标之一是最大限度地集成、打通企业资源上游、中游、下游的互联网生态圈，让这个生态圈为自己所用，再反哺生态，促进生态良性循环，共同发展。而中台就是最大限度地盘活企业内部资源的基座，这在集成产业上下游的过程中将成为自身坚实且强大的基础。中台的构建需要从组织架构、业务流程、技术角度综合考虑，是一个战略工程。

数据中台是一种新型的数据管理架构。企业通过建立数据中台，将信息系统中的数据进行汇集、清洗和加工，为业务部门提供数据服务。数据中台所发挥的作用是数据治理、数据管理、数据汇集、数据开发、数据分发及数据应用服务。企业在数据资产管理上建立数据中台之后，在组织中就可以设立业务中台，从而为前台的营销和销售部门提供基于数据的决策支持服务。强大的中台能够大幅度提升前台响应客户需求的敏捷性。

（二）企业数字中台建设

企业数字中台是中台战略中的一部分，它是基于中台战略，将企业数字化转型中的技术和业务进行整合，形成统一、共享、可复用的数字能力平台。

企业数字中台建设是中台战略的具体实施。它涉及数据中台、技术中台和业务中台等多个方面。

1. 数据中台

数据中台主要负责数据的采集、计算、存储和加工，形成标准数据，为企业提供高效的数据服务。

数据中台是企业数据处理的集中化平台，用于整合企业内部的所有数据。它负责数据的集中收集、验证、清洗和转换，并将数据统一存储。经过数据仓库体系的治理，数据被按照业务主题进行重新组织，为数据分析提供高质量的数据集。同时，数据中台需具备实时数据处理能力，能在极短时间内完成从数据采集到终端呈现的全链路实时数据处理，满足企业一些基于数据的实时业务请求；基于数据中台，发展出人工智能与机器学习能力，支持高阶的数据洞察与预测。最后，数据中台须通过丰富的接口和协议对外提供完备的数据服务，支撑业务中台与前台应用对数据的全方位需求。

2. 技术中台

技术中台是一个重要的企业架构组成部分，旨在提供统一的底层技术支持和资源整合，以支持前台业务的高效运行和创新。也就是说，技术中台则提供了一系列的技术能力和工具，支持前台业务的快速开发和部署。

技术中台的核心功能包括以下几个方面：

（1）资源整合与能力沉淀：技术中台通过整合公司的技术能力和资源，提供统一的技术服务，如分布式文件存储、分布式数据库、分布式缓存等，从而减少前台开发的复杂性和重复工作。

（2）技术支持与服务：技术中台为前台业务提供必要的技术支持，包括但不限于安全认证、权限管理、流程引擎、消息通知等，确保前台业务能够快速响应市场变化。

（3）技术组件与框架：技术中台提供各种技术组件和框架，如 API 网关、前端开发框架、微服务开发框架、微服务治理组件等，这些组件和框架帮助前台业务快速开发和部署。

（4）微服务架构：技术中台支持微服务架构的设计和实施，通过将应用拆分成多个小的服务，提高系统的可扩展性和灵活性，适应快速变化的市场需求。

（5）DevOps 基础设施：技术中台还提供 DevOps 基础设施，支持持续集成和持续部署，加快产品的迭代速度，提高开发效率。

（6）性能管理与优化：技术中台负责管理和优化底层技术的性能，确保前台业务的高效运行，同时提供性能监控和预警，保证服务的稳定性。

通过提供这些功能和服务，技术中台帮助企业实现资源的集中管理和高效利用，降低开发成本，提高业务响应速度和市场竞争力。图 7-2 所示为某企业技术中台。

图 7-2　某企业技术中台

3. 业务中台

业务中台则将企业的核心业务能力进行数字化沉淀，形成服务中心，以支持前台业务的快速创新和发展。

企业的业务前台是由直接面向市场和终端用户/客户的业务应用组成，负责支撑企业的前端业务；业务中台则是由按业务领域细分的服务中心组成，负责支撑企业的共享业务。

业务中台负责提供企业范围内共享的基础业务服务，前台应用会对这些基础业务服务进行组织编排，快速地在前端以产品形式将业务能力展开，以适应瞬息万变的市场变化。

实践案例

百胜软件 E3+企业中台通过对销售、库存、顾客行为等数据的智能化分析，可使得企业在阶段性发展过程中及时发现问题并通过过程数据反馈为企业制定改进措施提供强有力的数据支撑。从企业经营的角度出发，E3+企业中台可以帮助企业形成全链路业务闭环，从而提高库存周转率、销售额等业务指标。同时，随着 DTC 模式的兴起，E3+企业中台还可从用户角度出发持续优化业务运营思路，更好地满足顾客需求，提升顾客满意度和忠诚度。

不同企业的业务形态不同，“三台组织”的设计也会有所不同，应具体情况具体分析。

二、中台战略与企业数字中台建设的重要性

中台战略对于企业的业务价值和管理提升有双重影响。一方面，企业可以通过数字中台实现快速的业务创新和产品迭代，提高市场竞争力和响应速度；另一方面，数字中台可以帮助企业打破组织边界、消除数据孤岛、优化内部运营管理流程，实现内部管理效率和协同作战能力的提升。

（一）统一数据架构

中台通常负责构建统一的数据架构，包括数据仓库、数据湖等，确保数据的一致性和准确性。通过数据中台，业务数据可以集中管理和分析，为业务决策提供支持。

（二）促进沟通与协作

中台作为连接技术和业务的桥梁，促进了技术人员和业务人员之间的沟通与协作。中台的团队通常需要具备一定的业务知识，能够更好地理解业务需求，并将其转化为技术实现。

（三）快速响应市场变化

中台提供的共享服务可以快速被前台业务部门调用，支持新业务的快速试验和迭代。这样可以缩短产品从概念到市场的周期，提高企业对市场变化的响应速度。

（四）标准化和组件化

中台推动了技术和业务的标准化、组件化，使得技术和业务模块可以像积木一样快速组合和调整。这种模块化的方法有助于降低复杂度，提高系统的灵活性和可维护性。

（五）支持创新

中台提供了稳定的技术和业务基础，前台业务团队可以在此基础上进行

创新，而无需从头构建。中台的资源和能力共享，为业务创新提供了强有力的支持。

（六）提高资源利用率

通过中台，企业可以更高效地利用技术资源，避免重复投资。中台的集中管理也有助于优化资源配置，提高资源的使用效率。

案例介绍

数据中台 撬动全场景数字变革

——浙江省局（公司）探索数据治理和应用赋能创新实践纪实

数据潮头千帆竞发，百舸争流恰逢其时。

烟草行业，数据无时无处不在，农、工、商、零、消各环节时刻都在产生着大量数据。2020—2022 年，从 70TB 到 700TB，大数据在链条上流动起来，在平台上沉淀下来，海量数据资源呈现爆发式增长——这是浙江省烟草专卖局（公司）数据中台建设应用的一个缩影。

“十四五”以来，浙江省局（公司）经历着从大平台建设向大数据应用的转型升级，面临全域数据整合、数据价值挖掘等一系列新命题。如何打破数据“孤岛”，更好地激发数据要素活力，成为其数字化改革要破解的核心挑战之一。

推进产业数字化和数字产业化，浙江省局（公司）打造数据共享、能力复用的数据中台，整合数据、算力和模型等作战集群，构建“1+6+N”数据赋能体系，为决策管理和业务应用提供创新支撑，实现数据价值跃迁，推动数字化、网络化、智能化融合发展。

数据赋能 走出中台建设特色之路

“1+6+N”，核心是“1”个数据中台，好比建造一个数据资源整屋，通过夯实数据底座、打造动力引擎，推动实现数据资源的供给侧改革。

“十三五”时期，随着浙江烟草商业系统“1253”基础架构的深入应用，经营管理、专卖管理、综合管理、移动工作、数据分析“五大平台”积累了大量数据，数据作为新型生产要素的基础性和战略性地位日益凸显。

到底有多少数据资源？海量的数据经常被比作新时代的石油，信息化建设多年积累的数据资源分散在各平台，浙江烟草商业系统的“数字石油”总体储量有待探明。

如何用好这些数据资源？大平台一体化建设，数据集中到省级，地市级想用数据怎么办？那么多数据，哪些是有价值的，哪些能申请利用，哪些需要加工处理？唤醒沉睡的数据，需要解决全域数据统一标准、平台之间数据贯通、省市之间数据共享等问题。

从数据资源到数据资产到数据价值，需要打破数据壁垒、汇聚海量数据，方能碰撞出数据火花。为此，浙江省局（公司）在 2019 年启动数据中台规划建设，将其作为核心支撑，有效推动数字化转型战略落地，打破“烟囱式”数据服务模式，实现全域数据融合。目前，浙江烟草商业系统数据中台联通了 31 个系统 165 个数据源，为各类业务应用提供高效服务，真正做到了“数入一库、数出一门”。

浙江省局（公司）以数据中台建设应用为抓手，深入推进数据治理，全面提升数据管控，促进数据融合应用，加快数字产业化发展，形成了以数据为支撑的经营、管理、决策“一体化”格局，走出了一条符合行业要求、烟草特色的数据赋能之路。

立柱架梁 构建数据治理体系

数据中台解决了数据入湖、系统互通的难题，但是数据运营情况如何掌控？数据资产如何看得清楚、管得明白、用得可靠？随着数据中台的深入应用，新的挑战接踵而来。

“1+6+N”的“6”是六大支撑，好比一个屋子的四梁八柱，架构起用数赋能的整体框架。浙江省局（公司）将组织管理、资产运营、数据服务、数据应用、质量保障和安全管控六个方面作为管好数据、用好数据的重要保障，全方位加强数据高质量应用。

按照行业信息分类与编码等系列规范，浙江省局（公司）从标准建设、数据质量和数据应用层面，全方位健全数据治理体系。

在标准建设上，制定42项数据制度，推进数据标准化建设，同时建立数据资产中心，通过统一数据资产、数据管控和数据服务，实现数据治理和应用的“车同轨、书同文、行同伦”。

在数据质量上，开展数据源头治理，发布数据质量管理规定，完善数采分析模型，强化全链路数据质量管控，加强跨平台数据协同保障，为数据高质量应用、高价值挖掘提供制度保障。

在数据应用上，打造数据资产“中央厨房”，构建“1+11”地市数据分中心模式，解决了平台统建、数据集中后地市数据流通难、模型共享难的共性问题，并编制了地市数据分中心管理规定，厘清了省市两级数据管控和应用的边界及要求，从管理和技术两方面加强数据的流通保障。

转化应用 释放数据驱动价值

建好数据、管好数据，其最终落脚点是“用好数据”。“1+6+N”的“N”是数字化场景，好比整屋里的个性需求装修和应用。

浙江省局（公司）借助海量数据资源和丰富应用场景优势，纵横经纬，打造多维度数据产品矩阵，解决了业务场景牵引、数据价值挖掘等问题，推动生产经营管理从笼统的经验主义向精确的全程数字化转变。

从被动的寻找场景到主动的场景涌现，浙江省局（公司）依托数据中台，应用大数据、探索新可能，推进数据业务化，不断创造新的数据应用模式，撬动全场景变革。

在决策管理方面，浙江省局（公司）构建省域决策大脑和市级运营中枢——省域决策“一盘棋”，15个数字驾驶舱、10个专题应用，打破业务条线、部门层级壁垒，让数字决策“一竿子到底”；市级运营“一张网”，围绕省级中台，11个地市分中心特色发展、百花齐放，形成中心辐射、多点归集的决策运行体系，实现了省市协同、双向循环。

在业务应用方面，数据中台依托强大算力，为业务系统注入了数据芯片。通过数字化门店建设、零售数采2.0应用等，提升业务部门对消费行为的感知效力，提高以数据为纽带的卷烟资源、终端资源和消费者资源价值。

建成全省涉烟情报指挥中心，横向加快协作部门入驻，纵向加强省市高效联动，发挥情指中心数据大脑效能；实现“12313”分中心全省一体运营；构建零售户信用监管体系，数据赋能让专卖监管精确制导。

拓展物联网数据，实时分析物流园区绿色评价指标。以台州市卷烟配送中心运行调控为例，2022年，碳排放同比减少16%，助力“双碳”和降本增效目标，数据赋能让绿色物流成色更足。

通过探索融合行业内外数据资源，多方数据交互碰撞，数据更加丰富，模型更加准确，洞察更加可靠，浙江省局（公司）形成适配多终端、多场景的500多个数据成果，基于多维数据打造了工商数据协同、会员运营分析等一系列生动场景，发挥数据的叠加乘数效应，数据要素价值不断释放。

数实融合 厚植数据文化土壤

数据交互碰撞、业务深度参与，数据中台的应用实践既推动着企业信息化技术架构的演变，也促动了业务运行模式与员工数据思维的转变。

以创新改革引领，浙江省局（公司）优化“地市报题—省局出题—地市领题—全省推广”机制，强化创新资源开放共享和支撑保障，提高创新成果孵化能力和共创能力。

以全员共创驱动，借助数据中台打造业务技术“众创空间”415个，向全省系统共享数据、算力和模型等资源，业务人员可利用低代码工具自主创新，实现从“提需求”到“自己干”的角色转变。目前，浙江烟草商业系统有一半以上业务管理人员深度参与数据创新和分析运营。

以数字培训赋能，连续多年举办各类数据主题竞赛和培训，既有面向管理层的数字能力提升专题培训，又有面向实操人员的数据应用培训；既有面向技术人员的数据开发竞赛，也有面向业务人员的场景设计指导。自2020年以来，已累计开展数据培训220多场次、覆盖6800多人次，全面提升了全员用数据辅助决策、用数据驱动运营、用数据赋能工作的能力。

从“数据孤岛”到“数字大陆”，从“顶层设计”到“基层创新”，浙烟人以“钉钉子”的精神，不断探索建设烟草特色的数据中台省级范本，弥合数字鸿沟，推动共同发展。

“我们将围绕‘12573’战略谋划，争做数字化改革的先行者，推动业务模式、治理方式、运行机制、组织形态变革，形成一批具有浙烟辨识度的重大关键性、标志性成果，为行业改革多探路、多闯关、多破题。”浙江省局（公司）党组书记、局长、总经理崔建华表示，将拓展新路径，做强做优做大数据、经营和执法“三个生态圈”，为建设数字浙烟生态体系储备更多养分、积蓄更多能量。

以精实之道筑牢发展之基，以先行之姿开辟发展新路。未来，数字化改革仍在路上。

（来源：中国烟草资讯网。引用有改动）

三、实施中台战略和企业数字中台建设

实施中台战略和企业数字中台建设需要从以下几个方面入手。

（一）明确目标和定位

企业需要明确数字化转型的目标和定位，以及数字中台在整个转型过程中的角色和作用。

数据中台建设是一项系统工程，需要从战略高度进行统筹规划，以业务需求为导向，以价值创造为目标，才能确保数据中台建设的成功。例如，企业中台中的研发中台、数据中台和管理组织中台，如图 7-3、图 7-4、图 7-5 所示。

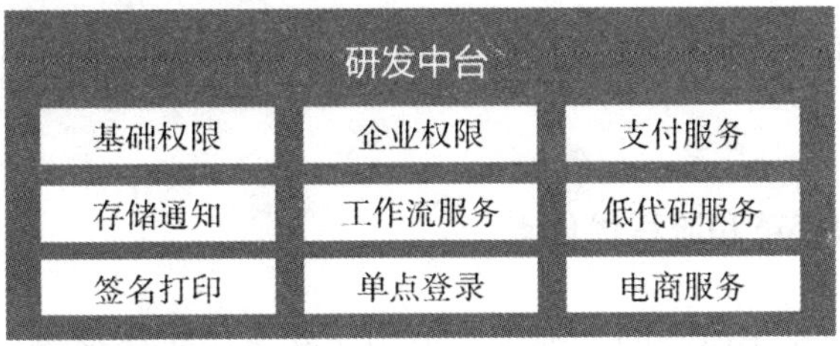

图 7-3　研发中台

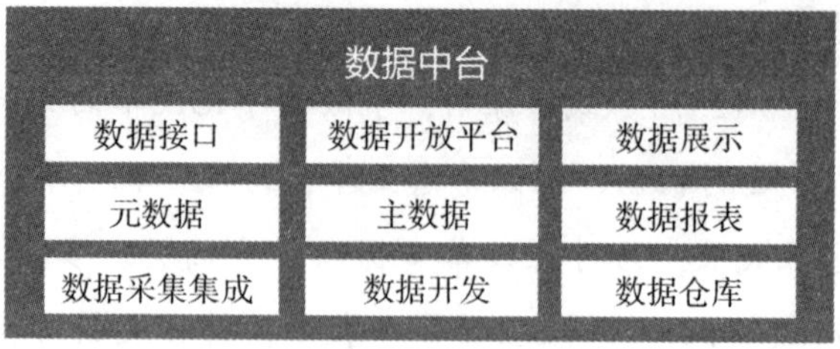

图 7-4　数据中台

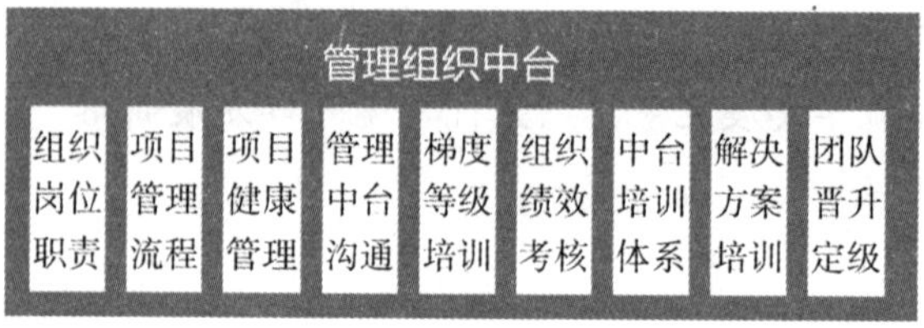

图 7-5　管理组织中台

（二）数据整合与治理

企业需要对各类数据进行整合和治理，确保数据的准确性和可靠性，为数字中台的运营提供坚实的数据基础。通过整合分散在各个业务系统中的数据，不仅可以消除数据壁垒，构建统一的数据视图，而且便于进行跨部门、跨业务的数据分析，挖掘数据价值。

（三）技术和业务整合

企业需要将技术和业务进行深度整合，形成统一、共享、可复用的数字能力平台，同时不断优化和完善平台功能和性能。中台恰恰能起到承上启下的作用。中台通过构建共享服务平台，将通用的技术能力（如用户管理、支付、认证等）和业务能力（如商品管理、订单处理等）抽象出来，形成可复用的服务。

（四）组织变革和流程优化

企业在当前竞争激烈的环境中，迫切需要实施组织变革与流程优化，以适应市场的快速变化。这就要求企业摒弃以往的传统管理模式，打破固有的组织边界。通过这种方法，企业能够更有效地进行资源配置，增强团队之间的协作与沟通。实现快速响应不仅能够提升客户满意度，还能增强企业的市场竞争力。因此，企业必须重构其内部流程，优化各项管理机制，使其更具灵活性和适应性。只有这样，企业才能够在动态的市场环境中持续发展，保持创新能力，促进高效的团队协作。通过这些变革，企业将能够更好地应对外部挑战，实现战略目标，最终取得更大的成功。

通过建设数据中台，可以打通数据采集、存储、加工、分析、服务全流程，实现数据价值链的闭环管理，构建数据驱动的闭环生态系统，让数据流动起来，发挥更大价值。

(五) 人才引进与培训

中台人才通常需要具备以下几方面的能力和素质。

1. 技术能力

具体包括软件开发能力、系统架构能力和数据处理能力。

(1) 软件开发能力：精通至少一种编程语言，如 Java、Python 等。

(2) 系统架构能力：了解分布式系统架构，掌握微服务、容器化、云计算等技术。

(3) 数据处理能力：熟悉大数据处理框架如 Hadoop、Spark 以及数据库技术。

2. 业务理解能力

(1) 能够理解企业的核心业务流程和业务逻辑。

(2) 能够将业务需求转化为技术解决方案。

3. 创新能力

(1) 具有解决问题的能力，能够提出创新的技术方案。

(2) 能够推动技术革新，支持业务的快速发展。

4. 沟通协调能力

(1) 能够与前台业务部门有效沟通，理解并满足他们的需求。

（2）能够协调中台内部以及与其他部门之间的工作，确保资源有效整合。

5. 项目管理能力

（1）能够进行项目规划、执行和监控，确保项目按时按质完成。

（2）熟悉敏捷开发流程和方法论。

6. 学习能力

（1）对新技术敏感，能够快速学习并应用新技术。

（2）不断更新自己的知识体系，适应技术的快速发展。

7. 团队合作精神

（1）能够在团队中扮演不同角色，与他人协作完成目标。

（2）有服务意识，愿意支持前台业务，帮助团队解决问题。

8. 战略思维

（1）能够从全局角度思考问题，理解企业的长远发展目标。

（2）能够将企业战略转化为中台的技术战略和实施计划。

具体到不同类型的中台，如业务中台、数据中台、技术中台，所需人才的专业能力和技能可能会有所侧重。业务中台需要更多具备业务流程优化、业务策略制定能力的人才。数据中台需要更多具备数据分析、数据建模、数据治理能力的人才。技术中台需要更多具备系统架构设计、技术平台搭建、运维能力的人才。

中台的工作性质要求团队成员具备跨领域的知识和技能，这有助于培养一批既懂技术又懂业务的复合型人才。企业应根据自身中台的建设目标和现状，招聘或培养相应的人才。

四、企业数字中台建设过程中的注意事项

在企业数字中台建设过程中，需要注意以下几点：

（1）紧密结合企业的商业模式、业务发展方向、组织结构和信息化发展程度等因素，确保中台建设的针对性和有效性。

(2) 避免将中台建设简单地理解为技术或数据的问题，而应该从业务的角度出发，思考如何通过中台建设提升企业的整体竞争力。数据中台建设的核心并非单纯的技术堆砌，而在于驱动业务发展。它需要业务和数据团队紧密协作，共同打造一个能够支撑企业数字化转型的强大引擎，将数据转化为企业核心竞争力，引领数据智能新时代。

(3) 注重中台能力的沉淀和复用，避免重复建设和资源浪费。当企业有多个业务部门或业务线时，每个部门或业务线都有数据分析需求，例如，营销部门需要进行精准营销，风控部门需要进行风险控制，产品部门需要进行用户行为分析等，数据中台可以为这些部门提供统一的数据服务，从而避免重复建设。

(4) 强化中台与前台的协同和配合，确保中台能够真正支持前台业务的快速创新和发展。

总之，中台战略与企业数字中台建设是企业在数字化转型过程中的重要手段。通过科学规划和实施，可以有效提升企业的整体竞争力，实现数字化转型的目标。实施中台战略和企业数字中台建设需要注重长期效益和可持续发展。在建设过程中，企业需要保持开放心态，积极探索新技术和新模式，不断优化和提升数字中台的运营效果和服务水平。同时，企业还需要建立科学合理的管理体系和技术规范，确保数字中台的稳定性和安全性。

第四节　精益数据理论驱动的数字化转型

在当今数字化的时代，各行各业都在寻求数字化转型以适应新的市场环境和消费者需求。企业需要适应新时代的数据战略，其中，精益数据理论驱动的数字化转型已经成为一种重要的趋势。

精益数据理论驱动的数字化转型是一种基于数据驱动的方法，旨在帮助企业实现更高效、更精准的决策和优化，以适应数字化时代的需求，消除浪费。这种转型方式强调数据的重要性，并利用精益管理的思想和方法来推动数字化转型的过程。

一、精益理论和精益数据理论驱动的数字化转型

（一）精益理论的含义

精益理论是一种消除企业运行过程的各种浪费的方法论。它的本质是希望企业在运行的各个环节中能够最大化地利用现有资源，进行必要的数据分析，通过数字化、可视化的管控方式，去除不必要的资源需求（减少浪费），以达到企业利益最大化。精益理论具体包含以下四个方面。

（1）如何用更少的资源来达成目标。

（2）实现物尽其用，减少浪费。

（3）通过理性分析，得出改善的结论和方向。

（4）客观地使用数字来解释和分析问题，并进行优化。

（二）精益数据理论

1. 精益数据理论的提出

精益数据方法论是由《精益创业》的作者埃里克·里斯提出的。他根据对许多创业公司的研究和实践经验，总结出了一套基于持续创新和迭代的方法论，旨在帮助创业公司更快、更有效地提供有价值的产品和服务。

2. 精益数据理论的优势

精益数据方法提倡企业先对齐业务目标，梳理数据资产蓝图和数字化技术蓝图，令各相关部门共创业务场景蓝图，然后针对高确定性的工作做自上而下的规划设计，而对于高度不确定性的工作，则采取快速迭代、小步快跑的策略。

精益数据方法从业务问题出发，帮助企业打造轻量级、高响应力的精益数据战略，构建运营式、主动式、迭代式、智能化、场景化、轻量化的数据治理体系，急用先行，建设业务价值凸显的精益数据中台，保证数字化转型

工作持续、稳步地推进，最终达成业务目标。

精益思想鼓励通过最小化资源消耗，包括人力、设备、时间和空间，来创造尽可能多地满足客户需求的价值。精确地定义业务价值是精益思想的第一步，如果不能精准地识别和定义客户需要的价值，就会带来很多浪费。接下来，需要确保那些被保留下来且能够创造价值的步骤能够顺畅地运转。

现代精益思想的核心理念如图 7-6 所示。

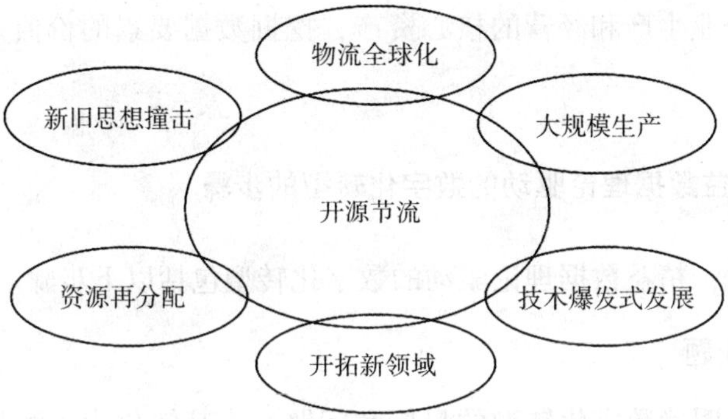

图 7-6　现代精益思想的核心理念

目前，精益思想几乎涉及了企业所有的职能领域，包括但不限于精益生产、精益研发、精益测试、精益销售、精益物流、精益交付、精益财务、精益人事、精益网络、精益运维等。随着信息技术的迅猛发展，大数据、云计算、人工智能等新技术不断涌现，为企业提供了更加丰富、精准的数据资源。同时，市场的竞争也愈加激烈，消费者需求多样化、个性化，企业需要快速响应市场变化，提升运营效率。在这样的背景下，精益数据理论驱动的数字化转型应运而生。

二、精益数据理论驱动的数字化转型的核心理念和步骤

（一）精益数据理论驱动的数字化转型的核心理念

精益数据理论驱动的数字化转型强调以数据为核心，通过对数据的采集、分析、应用，实现企业运营的数字化、智能化。这一转型的关键在于数据的质量和精准度，以及如何利用数据优化企业运营和提高竞争力。

数字化转型是一个艰巨、长期、系统的工程，数据管理是数字化转型的基石，直接关系到数据资产的质量与价值，是一项专业性很强的工作。精益管理重视为客户创造价值，重视人与生产过程的整合，重视发现缺陷并持续优化，要努力做到尽善尽美。精益管理既是哲学思想、指导原则，又是方法论和工具，企业数字化转型不仅要重视技术，还要把技术植入企业基因，踏上持续的能力进化之旅。精益数据战略意在构建数据驱动的企业，将数据要素作为驱动企业生产和经营的核心资产，挖掘数据要素的价值是企业转型过程中的主线。

（二）精益数据理论驱动的数字化转型的步骤

具体来说，精益数据理论驱动的数字化转型包括以下步骤。

1. 明确问题

首先需要明确数字化转型的目标和问题，将其转化为可测量的指标。这有助于确保转型的方向和重点，并为企业提供明确的目标和期望。企业数字化转型过程中，对齐企业愿景和分解目标做得越深入，在所有的业务部门和技术部门间越能形成共识，在转型实施的过程中各自的目标越接近一致，具体动作也更一致。

梳理制造企业全价值链，包括设计、采购、生产、质监、销售、仓储、物流等环节，通过数字技术赋能精益管理实现产品准时交付、质量保证与成本优化。

2. 收集数据

在数字化转型的过程中，需要收集并整理大量的数据。这些数据可以来自不同的来源，如企业内部系统、客户反馈、市场研究等。确保数据的准确性和可靠性是非常重要的，因为数据的质量直接影响到后续的分析和决策。搭建企业数字平台，将标准化、信息化的精益生产数据进行汇总、清洗、存储与初步分析，实现数字集成管理，推动数据资产化、可视化建设，

企业可以通过业务、技术、数据各部门相关人员的共创，梳理出符合企

业愿景和目标的所有价值场景，形成业务场景蓝图，从而构建价值场景需要的所有数据资产，形成数据资产蓝图。

3. 分析数据

利用统计分析等方法对数据进行分析，发现问题并找出原因。通过对数据的挖掘和分析，企业可以深入了解客户的需求、市场的变化以及业务的瓶颈等问题，为后续的改进和优化提供依据。构建全价值链精益数字化管理体系，将精益数字化从重点业务环节以网状结构向关联业务环节延展，逐步建立全价值链精益数字化生产运营管理体系。

4. 制定改进方案

基于数据分析的结果，制定具体的改进方案。这些方案可以包括优化业务流程、改进产品设计、提升客户体验等。通过不断地改进和优化，企业可以逐渐实现数字化转型的目标。

可以基于数据化、可视化数字平台，打造基于企业全产业链的数字化运营系统，打造“零等待、零停滞、零不良、零故障、零灾害、零浪费、零库存”的长效精益运营机制。

5. 实施改进措施

将改进方案落实为具体的行动步骤，并在实践中进行不断的迭代和优化。这要求企业具备快速响应市场变化的能力，以及持续改进的意识，以确保在数字化时代能够保持竞争优势。企业应建立灵活的机制，及时调整策略，以适应快速变化的环境。同时，通过实践反馈，企业可以不断完善其方案，从而提升整体效率和效果。只有具备这样的能力，企业才能在数字化浪潮中脱颖而出，持续占据市场领先地位。

案例介绍

某家零售企业采用精益数据方法论，优化了其订单处理过程。该企业在订单处理方面存在以下问题：

（1）订单处理时间长，导致客户等待时间过长，影响客户满意度。

（2）存在订单处理错误，导致需要重新处理订单，浪费时间和资源。

（3）订单处理过程中存在多项手动操作，容易出错。

为了解决这些问题，该企业采用了精益数据方法论：

（1）定义问题：企业明确了订单处理过程中存在的问题，并将其转化为指标，如“订单处理时间过长”“订单处理错误率高”“手动操作频繁”等。

（2）收集数据：该企业对订单处理的整个过程进行了详细的记录和数据收集，包括订单接收、订单处理、商品拣选和发货等环节的时间和操作数据，并将其录入系统中进行整合和分析。

（3）分析数据：企业通过数据分析工具对订单处理的数据进行了深入分析，发现一些订单处理环节存在瓶颈，比如订单处理时间过长是因为订单接收环节存在瓶颈，而订单处理错误率高是因为订单拣选环节存在瓶颈。

（4）改进过程：企业针对数据分析结果，提出了一些改进方案，比如优化订单接收环节，增加订单处理人员的数量，减少手动操作环节等，提高订单处理效率和准确性。

（5）持续改进：企业对订单处理效率和准确性进行了周期性评估，并根据反馈数据不断优化改进方案，持续提高订单处理效率和客户满意度。

通过采用精益数据方法论，该零售企业成功提高了订单处理效率和准确性，降低了客户等待时间和订单处理错误率，提高了客户满意度和企业的竞争力。

三、数字化转型的过程中，精益数据理论的关键

在数字化转型的过程中，精益数据理论强调以下几点。

（一）以客户为中心

数字化转型的目的是更好地满足客户的需求和期望。因此，应倡导客户价值，围绕客户价值并使用客户语言来构建业务战略，在转型过程中需要始

终关注客户的需求和反馈，围绕用户去分析痛点需求，通过客户共情，理解客户价值，并将其作为改进的依据。通过对客户数据的精益管理，企业能够更好地理解客户需求，提供更加个性化的产品和服务，从而提升客户满意度。

（二）持续改进

数字化转型是一个综合性的、持续的过程，需要不断地改进和优化。数据转型的本质是让数据产生业务价值。通过不断地收集和分析数据，企业可以发现新的问题和机会，并制定相应的改进措施。企业应识别核心领域，内建技术能力。精益数据理论指导企业识别并消除数据收集、处理和分析过程中的浪费，从而提高数据的质量。高质量的数据是企业决策的基础，能够帮助企业做出更加精准的市场预测和战略决策。

（三）跨部门协作

数字化转型是一项长期工作，需要企业内部不同部门之间的协作和配合，通过跨部门的数据共享和沟通，可以更好地理解业务的全貌和问题的本质，从而制定更有效的改进措施。当每个部门、业务团队在构建自己的业务系统时都有参考依据，可以避免出现数据孤岛的情况。精益数据理论鼓励打破数据孤岛，促进不同部门之间的数据共享和协作，从而提高企业的整体运作效率。

四、精益数据理论驱动的数字化转型对企业的影响

精益数据理论驱动的数字化转型对企业的影响是多方面的，主要表现在提高企业竞争力、降低成本、提升效率以及增强市场竞争力等方面。

（一）数字化转型可以提高企业的运营效率，降低成本

通过精益数据方法，企业可以更加精准地掌握市场需求和消费者行为，优化产品设计和营销策略，提高运营效率。

案例介绍

自成立以来，中国航空发动机集团有限公司（简称中国航发）将信息化建设贯穿于产品论证、研发、智能制造、供应链及服务保障等全生命周期中，取得了显著成效。例如，通过数字样机和虚拟仿真技术构建的产品设计赋能平台，大幅提升了航空发动机产品设计的工作效率和精确度，同时加速了产品设计的迭代过程。在产品制造领域，随着制造执行系统和生产执行系统的广泛应用，产品制造流程实现了产品数据和制造数据的集成与流通。此外，以数字孪生技术为代表的先进智能制造技术在生产线上正日益发挥关键作用。

（二）数字化转型可以提升企业的创新能力

在当今数字化的时代背景下，数据已成为企业进行创新的关键资源。通过深入挖掘和分析这些数据，企业能够识别出潜在的市场机会以及消费者的需求变化，从而制定出更具竞争力的产品和服务。借助现代科技手段，企业能够实时获取大量信息，并将其转化为实际的商业决策。这一过程不仅提升了产品的创新能力，也使得企业能够更好地满足消费者需求，推动业务的持续增长。因此，数据分析在企业发展战略中扮演着越来越重要的角色，是企业实现可持续发展的重要支柱。通过不断优化数据利用策略，企业可以在未来的市场中占据更有利的位置。

当过去的定位论与控制论不再适应高速变化的环境，在高度不确定的时代，企业要放弃繁重的、计划式的战略，在不确定中发现确定。精益数据战略客观地认识到这一点，并从业务战略开始，确定企业的业务愿景和发展终局蓝图。

案例介绍

2008 年，海尔 HR 共享成立，历经成长期、成熟期以及数字化转型三个发展阶段，其不断发展。2020 年，随着时代的发展和科技的进步，海尔 HR 共享决定进行数字化转型升级。利用数字化、智能化技术，海尔 HR 共享要为用户创造最佳场景体验和最优运作效率。为此，海尔HR共享将线下传统的物理大厅打造成HR云大厅，将入职、离职、公积金、合同等人力资源业务全部搬到了云端，为客户提供了零跑腿、零签字、零延误的服务体验。海尔HR共享一直思考如何以数字技术实现人力资源服务和流程的数字化转型，创造全新的HR运营模式和用户体验。

（三）数字化转型可以增强企业的市场竞争力

数字化转型可以帮助企业更好地适应市场变化。精益数据战略从组织结构、业务流程、绩效体系等配套措施的角度分析需要做哪些配合工作来保障转型顺利进行，有利于配套举措和行动计划的制定，并提高响应速度和服务质量，从而在激烈的市场竞争中脱颖而出。

案例介绍

沃尔玛利用数字化不断优化购物体验

世界500强巨头、传统的实体零售商——沃尔玛利用数字化不断优化购物体验。沃尔玛一直在借力科技发展，努力向技术和创新公司转型，为客户提供更加便捷的数字购物体验。

沃尔玛的数字化转型是从开设在线市场开始的。沃尔玛2018年在技术上的支出为117亿美元，其已将重点从“重新构建其电子商务业务”转变为“全面转型”，并制定了数字化转型预算来实现这一目标。

为了通过数字接触点创造更多的客户价值，沃尔玛设立了移动应用程序和网站，客户可在线购买商品。分析应用程序的客户行为信息后，他们增加了更多服务，如当日取货、移动订购和“先买后付”。此外，为助力自身转型，沃尔玛还与微软、谷歌等建立了战略伙伴关系。具体而言，沃尔玛利用微软的计算能力来扩展其人工智能、机器学习和数据分析举措，并与谷歌合作推出语音购物。沃尔玛将数字化贯穿于从供应链到销售、从客户服务到市场营销和商店运营的各个方面，以提高公司运营和成本效率。供应链数字化是沃尔玛全渠道战略成功必不可少的关键要素，可以使沃尔玛通过在线、移动设备和店内互动等多个方式为客户提供服务。

五、前景展望

随着科技的持续进步以及市场环境的不断变化，基于精益数据理论的数字化转型将在未来继续扮演至关重要的角色。在当今时代，数字经济实际上就是以数据为核心的经济形态。数据的快速传输与处理，使得各种数字经济活动得以顺利进行。无论是企业运营、商业交易，还是消费者的日常选择，数据都在其中发挥着不可或缺的作用。通过有效的数据管理和分析，企业能够更好地把握市场动态，提升决策效率，进而推动自身的创新与发展。因此，理解和运用数据，将成为参与数字经济竞争的关键。未来的发展将更加依赖于数据的整合与应用，精益数据理论将为企业的数字化转型提供重要的理论基础与实践指导。

精益数据理论驱动的数字化转型是一种基于数据驱动的方法，旨在帮助企业实现更高效、更精准的决策和优化。通过明确问题、收集数据、分析数据、制定改进方案和实施改进措施等步骤，企业可以逐步实现数字化转型的目标，并在数字化时代保持竞争优势。精益数据战略的目标是打造精益数字化企业，通过精益数据产品、精益数据治理、精益数据平台、数据协同创新和数据驱动的组织文化，引领精益数字化企业的五大能力：打造数字化业务，提供高质量数据要素，建立数字化生产力，提升企业敏捷响应能力，构建数字化组织体系。未来，每个企业将更加注重数据的积累、分析和应用，通过数字化转型实现更加精准的市场定位和消费者服务。同时，数字化转型也将推动企业不断进行技术创新和管理升级，以适应快速变化的市场环境。

参考文献

1. 赵兴峰．数字蝶变：企业数字化转型之道［M］．北京：电子工业出版社，2019.

2. 姚建明．企业数字化转型［M］．北京：清华大学出版社，2022.

3. 许德松，邹俊．企业数字化转型：新时代创新赋能［M］．北京：清华大学出版社，2023.

4. 李彤，贾小强，季献忠．企业数字化转型［M］．北京：人民邮电出版社，2021.

5. 胡兴民，杨芳莉．企业数字化转型：拥抱变化与优势再造［M］．北京：中国经济出版社，2023.

附录　企业数字化转型案例分析

一、鞍钢集团数字化转型之路

（一）推进智慧管理建设，实现业务协同与信息共享

鞍钢集团在智慧管理层面主要围绕“人、财、物、产、供、销”六方面开展建设，通过构建“稳定可靠的后台、统一灵活的中台、敏捷高效的前台”的三台架构体系，要实现数据在不同信息系统间的横向和纵向流通，克服业务流程之间的障碍，以满足集团公司对战略管理的控制需求，并打破企业间的壁垒，将内外部及上下游的数据信息汇聚起来，以辅助决策制定。

集团公司主要遵循“1+2+N”集团管控信息化建设思路，鞍钢集团建立了涵盖人力资源、财务、招投标、客商信息等多个领域的共享服务系统，这些系统为集团内部各单位提供服务，实现了全集团范围内共性业务的集中化处理。这不仅优化了组织架构，简化了业务流程，还创新了运营管理思想，并显著提升了工作效率。同时，集团还建立了包括投资、法律、审计、纪检监察等在内的监管信息系统，有效支撑集团公司对子企业管控需要，满足国资委对中央企业在线监管的需要。建设了网络问企、OA 办公（办公自动化）、外事管理等专业信息系统，满足集团机关各部门专业办公需要，提高

工作效率，打造了智慧办公生态圈。子企业主要健全了科技创新、风险管控、安全环保等专业管理系统建设，实现了业务财务一体化、业务集成与协同共享、对下属单元企业的在线监管。

（二）推进智能生产建设，打造智能制造新模式

鞍钢集团在智能生产方面，鉴于钢铁行业工艺流程复杂、产品种类繁多、质量控制难度大、能源消耗高的特点，采取了自下而上的策略，逐步推进智能装备、智能单元、智能产线、智能工厂及智能公司的建设。通过智能制造的全域赋能，鞍钢集团解决了提高效率和质量、确保本质安全、协同供应链及资源共享等关键问题。它实现了全方位、全过程、全领域的业务流程与数据信息的畅通，构建了企业的智能制造闭环、端到端营销闭环及供应链生态体系闭环。

鞍钢矿业公司在数字矿山建设成果的基础上，基于矿冶工程“五品联动”新理念开展智慧矿山建设，建成了标准化基础设施平台，实现信息运维规范化；建成了一体化数字采掘平台，实现生产管理透明化；建成了人性化安全管控平台，追求生产企业本质安全；建成了集成化业务管控平台，实现规范高效协同管理；建成了个性化移动应用平台，实现按需安排工作空间。矿业公司智慧生产平台实现了对澳大利亚卡拉拉矿业有限公司的监管服务，被国家评为工业互联网平台集成创新应用试点示范项目。

鞍山钢铁通过全流程质量管控及大数据项目建设，横向打通了各生产线及最终客户之间的数据，纵向打通了从一级到四级的数据，实现了物料、工艺数据的关联匹配，提高了生产效率和管理效率。大型轨梁分厂通过 CPS 系统建设，实现了生产过程自动跟踪和生产数据自动匹配，实现了全流程产品质量的溯源分析和质量优化，实现了车间数字化模拟运行。鲅鱼圈分公司通过智能能源管控平台建设，从单体设备、工序、综合能耗三个层次强化能源精细化管理，实现了能源管理“看得见，说得清，管得住”；建立了多场景、多时长能源介质发生量、消耗量预测模型，从经济运行角度，进行多能流协同实时优化，实现全系统价值最大化。鲅鱼圈“钢铁厚板项目”被国家评为

智能制造试点及人工智能应用试点双示范。

攀钢西昌钢钒通过钢铁工业大脑建设，对提钒、脱硫、转炉炼钢、精炼、连铸等炼钢全流程相关的生产过程和检测数据进行挖掘分析，构建优化模型，找出影响该工序的关键因素并针对不同场景进行关键因素配置推荐，实现了工艺优化的目标，有效降低了脱硫剂等原料单耗；基于冷轧表检的历史数据进行人工智能判定模型训练，辅助人工进行质量判定，降低人工依赖性、提高精准度，目前判定准确率已达到人工水平。

（三）推进“互联网+传统产业”融合，培育发展新业态

鞍钢集团积极拥抱“互联网+”战略，采用区块链等新一代技术推动企业的创新与发展。它利用互联网运营模式连接上下游企业、智能工厂和物流中心，通过线上与线下的深度融合，实现了资金流、物质流、能源流和信息流的“四流合一”。这种模式不仅扩展了传统产业的边界，还培育了适应未来生存和发展的新业态。

攀钢积微物联以“平台、服务、跨界、产融、生态”为发展理念，以积微电商为线上平台、达海实体物流为线下基础、供应链金融为核心、产业链整合为抓手，推进“互联网+区块链+传统物流”的融合发展。它构建了一个服务于钢铁、钒钛、化工等大宗商品的全产业链生态圈，引领了企业的转型升级。其中，“积微物联 CIII 工业电子商务服务平台”被工信部评为制造业与互联网融合发展试点示范。

鞍山钢铁德邻陆港秉承“智慧物流，绿色物流”的发展理念，利用互联网技术手段，致力于提供“精准、经济、安全、便捷、可视”的物流运输、仓储配送、加工剪切和物流方案策划等服务。它建成了一个集技术与产业特色服务于一体的互利共赢的生态型“智慧服务生态圈”，2018 年被评选为中国智慧物流十大创新引领企业。

当前，已进入中国特色社会主义新时代，制造企业同样进入了智能制造的新时代，新时代孕育新契机，在这种背景下，各行各业都在寻求数字化转型的能力与动力，鞍钢集团一定会切实抓住第四次工业革命的机会，推进两

化深度融合发展，打造智慧鞍钢，加速发展新兴信息技术产业，培育壮大企业新动能，实现鞍钢高质量发展，做新时代工业互联网的探索者和实践者。

二、再生资源企业格林美股份有限公司数字化转型之路

再生资源产业的转型升级是提高生态环境质量、实现绿色低碳发展的重要途径，具有较高的经济价值、较好的社会效益和环境效益，一直受到党和国家的高度重视以及社会的普遍关注。近年来，我国再生资源回收行业规模明显扩大，提高行业发展质量，规范行业健康发展成为再生资源行业当下的重要问题。

格林美股份有限公司在中国城市矿山资源的开发利用领域中居于领先地位，被认为是中国城市矿山资源开发的第一股。此外，它还位列中国制造业企业500强、中国企业专利500强。格林美不仅是全球硬质合金材料产业链和新能源材料产业链的重要参与者，还是世界领先的废物循环利用企业，以及代表世界先进绿色低碳产业的领军企业。公司在全国11个省和直辖市以及在南非、韩国、印尼等地建成19个废物循环处理工厂与新能源材料制造工厂，绿色循环发展的足迹辐射世界。

格林美在2022年数字化试点基础上推广数字化管理到公司全部车间、全部业务流程、全部管理流程，根本性杜绝生产与管理盲区，推动“降本提质增效”。其中供应链管理更是格林美发力的重点领域。

通过与京东工业合作，格林美成功优化了商品价格和库存成本，进行了深度改造、实现了供应链全链路数字化转型，进而大幅缩减了时间、管理、运营等各项隐性成本，为企业发展创造了巨大价值。

（一）梳理商品标准，实现品牌原厂化

作为一家典型的制造业企业，采购是格林美生产经营成本中最重要的一环，随着业务规模增长，采购金额逐年增加，如何优化商品价格是降低采购成本的第一要务。

与京东工业合作后，通过引入数字化，降低采购成本的问题迎刃而解。

项目前期，京东工业和京工帮的品类专家率先进入到格林美的各个工厂进行现场调研，基于京东工业打造的墨卡托标准商品库为格林美采购目录中的1000多个品类明确了规格参数、价格标准，形成了一份详尽的数字化“物料清单”。基于这份清单，格林美不仅能够在全国范围内实现各区域价格、质量标准统一的商品采购，还能够优化采购品牌、减少规格种类，通过集采实现“以量换价”。而统一的编码语言也便于将整个集团的采购数据进行整合分析，辅助人员决策，进一步优化采购计划。

在以数字化管理手段优化采购价格的同时，京东工业还深入产业链上游，通过缩短产业链路进一步降低商品价格。在传统的工业品流通中，商品往往需要经过“品牌商—各级代理—中小贸易商”的冗长链条才能触达末端需求企业。企业通过线下采购渠道接触到的更多也是多级分销商、代理商，不可避免会支付更多的中间溢价。京东工业通过溯源产业带源头、与品牌原厂建立直接合作，能够消除大量的中间环节、提升产业效率，为企业带来可持续的合理低价。目前，京东工业已经在电线电缆等专业品类中为格林美引入头部原厂品牌，带动显性成本的显著下降。

（二）以高效履约带动库存优化

京东工业通过数字化履约带来的极速交付体验，为库存成本的降低带来了可能。京东工业通过供应商协同系统将制造商、分销商及代理商连接起来，建立了一个“万仓合一”的供应网络，能够实现全国范围的高效寻源。在快速锁定现货库存后，京东工业的智能决策系统“K2”会利用先进的数据分析及算法，评估成本、库存地点及供货量、配送时间、物流服务提供商的服务质量及结算周期等变量，对数以万计的品牌商、渠道商、服务商进行合理调度，帮助格林美“以最短搬运距离、最少搬运次数”实现最优价值履约。

在“最后一公里”交付端，京东工业还打造了新一代基础设施——企配中心。企配中心能够提前将多品类、多订单、多物流渠道的分散包裹集中整合，每周在指定时间由专人专车按照园区管理要求送达格林美指定仓库，实现“万单合一”，进一步提升入库效率。在“万单合一”的过程中，企配中心还会基于格林美的入库流程设计全新的定制化物资验收单，使得验收人员可以轻松将物资与订单进行匹配。目前，格林美与京东工业合作的湖北荆门园区企配中心已全面投入使用。

三、东风柳州汽车有限公司数字化转型之路

东风柳州汽车有限公司（简称东风柳汽）创立于1954年，是一家由东风汽车集团股份有限公司持股75%、广西柳州市产业投资发展集团有限公司持股25%的国有全资控股公司。公司拥有5180亩（约345.4万平方米）的占地面积，并雇有超过5700名员工。作为东风公司在南方的生产基地，东风柳汽不仅生产商用车，还生产乘用车，并且是自主品牌研发和东南亚出口的重要基地。

东风柳汽旗下拥有乘龙和东风风行商乘两大品牌。其商用车系列包括牵引车、载货车、自卸车、专用车、纯电动物流车和纯电动环卫车等，而乘用车系列则包括MPV、SUV、轿车、纯电动MPV和纯电动轿车等。

（一）东风柳州汽车有限公司数字化转型中的生产运营痛点

（1）缺乏以订单全生命周期为主线的工厂统一资源计划协同，物料、产能、模具利用率相对较低。

（2）物流策略：订单—计划—采购—生产—整车物流全过程数据链不顺畅；厂内物流工作动态、货物流转信息、工作指示信息数字化程度不高。

（3）质量数据采集过程需标准化，监控质量关键指标，析出前位问题，节点进度提醒、超期报警等指标需及时准确，采集需实现智能化。

（4）设备管理策略需优化。厂区—车间—设备的运行工况实时监测不完善，没有能结合AI算法确定运行的最优方案。设备的异常工况报警信息推送、设备健康服务提醒相对延后，设备的效率较低。

（5）自动化柔性提升策略需优化。面对多个生产场景，设备自动化程度低，同期生产准时化低，库存高。

（二）东风柳州汽车有限公司数字化转型发展

1. 经营战略和模式

东风柳汽建设的平台涵盖3个应用场景，包含协同采购管理、生产计划与调度、制造执行可视化管理，实现数据采集、设备智能、生产管理优化、柔性化生产、供应链协同等功能，大幅提升数字化水平，解决相关生产运营痛点。

2. 应用场景、实施方法、运营方式

（1）协同采购管理系统：实现采购全生命周期一站式管理，贯通主机厂与供应商，集成企业所有采购数据，实现采购数据全生命周期一站式追溯。实现订单与制造融合，多节点连接动态排产，敏捷响应供需变化，有效降低运输、管理以及物资积压的资金成本，促进主机厂与供应商协同共赢，降本增效，形成行业级的协同采购。

（2）高效率的计划与调度系统：企业级ERP系统集成零件基础信息、订单信息，结合车间生产实况计算出月、周、日滚动计划。将计划传递给供应商协同采购系统，实现整个生产计划、采购、物料收发存等信息流，形成统一计划和调度管理。东风柳汽还自研算法，结合交付周期、排产日历、产线生产顺序等搭建算法模型，自动生成车间和对应的机台生产计划，实现计划智能排产。

（3）智能化、可视化的制造执行管理：东风柳汽各车间计划在系统层面集成联动，智能排程。通过与设备、大屏看板、手持扫描设备等集成、传递和验证工艺数据，实现数字化和可视化，提高实际生产与工艺的协同能力。

（三）东风柳州汽车有限公司数字化转型成效

东风柳汽在生产制造数字化的转型的一个“大脑”+N个应用+工业互联网平台建设上提高企业的效率、降低成本、提高产品质量、增强企业的竞争力。

1. 提高生产效率和质量

柳汽生产数字化运营平台（工业大脑）帮助东风柳汽实现生产过程的自动化和智能化，从而提高生产效率和产品质量。通过使用自动导向车（AGV）机器人和自动化设备，大大提高生产效率，同时减少人为错误。实现质量提升目标——单车质量问题点减少 20%、成本目标——单车生产制造成本降低 8%、时间目标——生产周期缩短至 8.5 天。

2. 降低成本

该平台帮助东风柳汽更好地管理供应链和库存，从而降低成本。通过使用物联网技术和大数据分析，更好地了解市场需求和产品销售情况，从而及时调整生产计划和库存水平。此外，数字化技术帮助企业更好地管理人力资源，从而降低人力成本。

3. 促进创新和发展

该平台帮助东风柳汽更好地管理和利用数据资源，从而促进创新和发展。通过使用大数据技术和人工智能算法，可以帮助企业更好地管理知识产权和技术资产，从而提高创新能力和核心竞争力。

4. 推动产业升级和转型

该平台是推动产业升级和转型的重要手段之一，带动了上下游的数字化协同和产业发展。

四、蒙牛集团数字化转型之路

蒙牛集团于 2015 年开启企业数字化转型，从财务系统逐渐扩展到数字营销、智慧工厂、智慧供应链。

（一）蒙牛数字化转型的背景

（1）国家对于食品质量及安全越来越重视。

（2）消费者的购买习惯经历了显著的转变，企业必须调整以适应这种消费习惯的变化，并准确捕捉消费者的需求。

(3) 市场环境发生了重大变化，社会效率的提升，环保压力的加大、消费量的提升都迫切需要蒙牛提升效率来更好地服务客户。

(二) 蒙牛面临的挑战

(1) 乳业是典型的快消费品行业，拥有较长的产业链，产品质量难以把控。

(2) 蒙牛拥有庞大的传统经销商，如果进行转型，不能轻易触碰经销商的利益。

(3) 蒙牛过去的模式是 B2B 模式，只需要考虑 B 端的运营，无法精准及时获得 C 端的需求变化。

(4) 蒙牛内部供应链的各个环节，如计划制定、排产安排、仓储管理和物流配送等，往往仅从自身角度出发进行决策，未能充分考虑整个供应链的上下游关系，从而导致缺乏全局性的统筹优化。这种做法往往会导致资源的浪费，增加了不必要的成本。

(三) 蒙牛数字化转型方法

蒙牛通过 ERP、MES、财务等系统和统一的数据中心，通过中间数据库和 LIMS 系统，实现了数据共享和产品全生命周期管理，同时支持质量追溯。此外，利用 OPC UA（开放性生产控制和统一架构）协议实现了运营技术（OT）与信息技术（IT）的融合。通过建立数字化模型，对销售、供应链和财务等数据进行深入分析与预测，为企业生产决策提供科学依据。通过自动化技术与信息技术的结合，实现了管理业务的横向互联和制造业务的纵向集成，构建了一个流程优化、数字化和透明的智能工厂。通过自建标准库和关联第三方平台，构建了企业智能制造标准库、知识库、专利库，实现了解决方案的复制和全面推广。

1. 企业 ERP 和财务共享中心的建设

企业内部重构 CRM（客户关系管理），实现产供销一体化，基于 CRM 系统，蒙牛集团构建了“财务共享管理模式（FSSC）——资金共享平台”，该平台实现了共享结算、票据池管理、理财业务、国际结算、移动资金管理以及资金支付业务的电子化审批流程。这一创新财务管理模式支持蒙牛新财务、新管控、新平台的优质高效服务，使得蒙牛能够将所有业务板块集中起来进行统一收付结算，并在各个业务单元中基本实现了零现金管理的目标。

2. 智慧工厂

蒙牛致力于数字化转型和智能化升级，借助大数据等先进信息技术，对产品研发和产业链进行优化。

蒙牛加强数字化能力，以强化产品质量。通过与国际企业的合作，推动乳制品生产、质量检验和财务管理的信息化，成为国内乳品行业中首个实现 SAP 与 LIMS 两大系统协同作业的企业。

蒙牛将信息化管理模式逐步推广至产业链上游，助力合作伙伴提升整体水平。上游牧场已实现规模化和集约化，制定了详细的管理标准，并利用数字技术确保这些标准在各个牧场得到有效执行。所有奶牛都配备了 RFID 耳标，记录专属健康档案，部分牧场还安装了更高级的传感器。牧场通过数据分析来调整对奶牛的喂养和挤奶等行为，使运营更加现代化和自动化。

在产业链下游，蒙牛利用大数据增强消费者洞察，持续优化产品研发和创新，建立产品、品牌与消费者之间的紧密联系，增强消费体验的互动性和社交性。蒙牛还积极探索销售渠道、终端管理和营销的智能化，以提高效率和响应速度。

3. 智慧供应链

蒙牛在智慧供应链领域进行了创新性的重新定义，明确了其三个关键特征：平台可视化（端到端的数据集成）、可感知（考核和监控指标体系）和可调节（快速响应和集成）。其中，平台可视化是实现可感知和可调节的基础，这一原则在蒙牛的智慧供应链构建过程中得到了贯彻。

在战略决策和战术执行层面，两者相互支持，共同推进。战略决策包括优化布局和需求预测，而战术执行则涉及精准排产和智能订单。这种战略与战术的结合，有助于蒙牛在供应链管理中实现更高的效率和响应速度。

4. 数据洞察和营销

蒙牛通过构建自己的大数据中台，采集从奶源、运输、仓储、生产到销售的整个流程产生的数据，通过有效的大数据分析能力，赋能整个产业链。

利用数字化，在生产方面，可以更好地把控质量控制和检测环节，提高生产效率。在仓储物流方面，通过与阿里零售通的合作，一级经销商能直接收到零售通的订单，准确知道乡、村一级需要多少货，具体哪些小店需要等，极大地降低了经销商的仓储物流成本。

在营销方面，蒙牛与阿里巴巴合作，运营“零售通”平台开展新型零售，利用平台将碎片化的消费信息整合起来，从而构建消费者大数据。通过对消费者数据的分析，可以让蒙牛用智能化的生产手段去创新，不断满足用户个性化的需求。

五、华为数字化转型之路

2023 年年度报告显示，华为实现全球销售收入 7042 亿元，在全球约有 20 万名员工。华为数字化转型的根本目标是提高客户满意度和内部的运营效率。对华为而言，数字化转型不仅仅是应用数字技术，它还涉及一种全新的商业逻辑构建和企业的战略转型。为了完成这一转型，华为实施了三大改革措施。

（一）管理层面达成共识

数字化转型不是一个单纯由技术推动的过程，而是技术和业务相互促进、共同驱动的。因此，要顺利推进数字化转型，就必须让业务负责人理解其重要性和不可避免性，也就是向他们解释“为什么需要改变”。华为之所以能在业务上取得快速进步，是因为其产品和服务在当前环境中处于行业领先地位。然而，依靠旧的 IT 系统，华为无法维持这一领先地位，因此数字化转型成为华为发展的必经之路。既然提高用户满意度和生产效率、成为行业标杆是业务负责人的责任，那么推动数字化转型也同样是他们的职责所在。

（二）调整组织架构

在推动组织进行数字化转型时，最关键的因素是人员和组织结构。过去，华为的流程 IT 部门并未深入参与业务流程，他们主要专注于开发和部署各种工具。随着工具数量的增加，不可避免地出现了一些工具使用频率极低，而另一些工具则每天需要使用多次的情况。为了解决这一问题并推动数字化转型，调整组织结构和服务态度是至关重要的。

（三）构建公共服务平台

从企业全局来看，不可能依靠单一技术解决所有问题。作为信息系统构建者，华为需要一个公共服务平台。这个平台应提供安全的数据、公共服务以及统一的基础设施架构，使华为能根据自身需求平等地选用各种产品和服务。

数字化转型是华为今日成就的关键，它不仅增强了华为的 IT 能力，还提升了管理和运营水平。数字化转型需顺应潮流。华为数字化转型的重点是业务与技术双重驱动，以客户和用户为中心，广泛应用先进技术来优化流程。

1. 坚持 On Premise+Cloud（内部部署+云）策略

从现阶段看，这是一个既能维护现有投资和保障业务稳定，同时又可以平滑完成企业 IT 应用云转型的较好的选择。在应用云化进程中 On Premise 软件包仍将作为 IT 应用主干保留下来并发挥重要作用，同时快速创建和部署创新的 Cloud 应用。On Premise 软件包和云化的 Cloud 应用将长期并存。

2. 企业 IT 必须具备“多云”管理能力

通过“多云”管理整合调用多家云服务以支撑业务也成为华为 IT 云化的重要策略。华为的目标是“整合多云资源与服务，发挥多云优势，降低云化成本，提供应用无缝的多云环境，并保障信息资产安全”。有别于“混合云策略”只侧重私有云与公有云之间的集成，华为的“多云管理”还需要解决公有云与公有云之间的衔接，尤其是在多个不同公有云与私有云同时存在的情况下所衍生的一系列问题。华为 IT“多云管理”的 3 个核心能力为：多云安全接入、多云服务管理与服务代理，以及多云应用开发与集成。最终实现更快地响应业务诉求、业务多样性的变化和业务在全球的快速扩张。

六、江西格林循环产业股份有限公司数字化转型之路

江西格林循环产业股份有限公司是我国著名循环经济产业集团格林美集团控股的以电子废弃物综合利用为主业的综合性处理公司。目前已经形成了“电子废弃物拆解—废五金精细化分选—废塑料再生改性—废电路板稀贵金属回收”的电子废弃物综合利用产业链，在江西本部电子废弃物处理量排名中连续三年位居全国第一，获得全国行业技能拆解大赛的理论和实操双冠王。格林循环一直坚持以技术创新来解决电子废物的绿色化处理和回收的问题。

再生资源回收体系的完善是提高数字化转型的基础条件，格林公司“数字化领导”“数字化创新”“数字化团队”首要的任务就是完善公司的信息化建设、提高现有业务流程数字化水平、探索新的数字化商业模式，以绿色金融与数字化转型相结合的方式实现多领域发展，降低公司的运行风险，加快推进公司与制造业融合发展。

格林循环数字化转型方法如下。

（一）立足市场经济，加强格林公司数字化顶层设计

一要紧跟时代步伐，结合宏观政策，立足江西本土化资源的特色，结合公司自身优势特点及金融与绿色环保+科技融合理念，探索业务模式创新，进行统筹规划，构建业务生态社区模型。

二是要深刻理解数字化转型对现有经营模式产生的颠覆性影响，这一变革涉及企业的多个方面。从初步的分析来看，转型工作至少需要在组织架构、政策制度、业务流程、渠道发展、产品开发、风险管理、数据管理、科技创新、团队建设、激励与约束机制十个关键领域进行全面的规划和协调推进。

三是要对企业在当前转型过程中遇到的问题进行深入分析，识别并解决这些问题，同时充分利用移动互联网、大数据、人工智能等先进技术来推动企业的数字化转型，结合自身优势建立生态社区模型体系。

（二）以数字化转型着手，逐步建立格林再生资源数字化组织机构体系

具体包括以下三个步骤：

首先，要充分利用金融科技以及各种类型的数据，以显著提升再生资源企业在服务供给和风险管理方面的能力。为此，根据“专职办专事”的原则，特意成立了相关部门。这些部门将专注于不同的业务领域，确保能够更有效地进行资源配置和风险防范。通过这种方式，不仅能够提高企业的整体运营效率，还能在动态变化的市场环境中，增强应对各类挑战的能力。同时，这些举措也有助于推动企业的可持续发展，实现经济效益和环境效益的双赢。通过系统化的管理和科学的数据分析，再生资源企业将能够更精准地把握市场需求，从而提供更具针对性的服务，降低潜在的风险，最终为行业的健康发展贡献积极的力量。

其次，设立了专门的研究部门，深入分析经营活动的外部环境，追踪信息技术的最新动态、客户消费行为的演变以及资源回收的比例，解读政策与市场的变动，从而提升决策和运营部门对业务趋势的敏感度以及掌握市场机遇的能力。根据自身企业发展优势和业务形态建立线上回收机制，分级分层回收资源再利用。

最后，构建一个生态社区服务平台，专门为制造业产品的供给和服务提供集中化的作业环境。在这个平台上，探索一种纯线上业务的运行模式，旨在建立一个完整的生态社区系统。这一系统的搭建不仅能有效整合资源，还能为未来的数字化转型奠定坚实的基础。通过这种方式，能够提升制造业的服务效率，促进各类产品的供给，更好地满足市场需求。同时，生态社区的构建也将为各类企业提供更为便利的沟通和合作渠道，推动产业链的协同发展。这一平台的实施，将为制造业的数字化进程提供有力支持，助力企业在竞争中脱颖而出。

（三）构建“金融+科技+绿色”模式下的格林再生资源企业运营体系

业务的正常运作离不开运营体系，运营体系对业务的联动融合与办理速度、服务能力、交易成本方面起到重要的作用，在新模式下，数据处理和模型设计的能力是关键。必须对从客户接洽、数据收集与处理、交叉验证、模型设计与参数调整到资金回收等各个阶段进行灵活的设计，以确保不会因为某个环节的局限或弱点而影响整个业务流程的效率。

例如资源回收环节：

（1）废旧金属。电器元器件拆解原料还原机制+金属提纯技术：黄金提取，根据类别建立回收与销售机制。

（2）塑料回收利用机制。

（3）能源化。

（4）产业化。

（5）回收再利用与制造企业相结合。

（6）根据废品类别分类并针对各类企业生产特性，拓展产品渠道。

又如：根据不同业务类型，建立一个生态社区系统，该系统将线上与线下的回收机制紧密结合。同时，针对产品的特性，确保与生产制造企业之间实现无缝对接。这一系统旨在通过有效的资源循环利用，促进环保和可持续发展。通过线上平台，消费者可以方便地参与到产品回收中，而线下的回收点则提供了实地的支持。与企业的合作，使得产品的回收和再利用变得更加高效，推动整个产业链的绿色转型。这个生态社区的构建不仅提升了资源的使用效率，也增强了消费者的环保意识，形成了一个良性的循环系统，最终实现经济、社会和环境的三重效益。

（四）打造格林公司社区生态数字化线上渠道体系

渠道服务可以及时满足客户需求，构建渠道的核心在于打造一个开放和包容的接入平台，这个平台应该支持广泛和多样的接入方式。接入平台构成了渠道建设的基础。只有当平台具有高度的兼容性和强大的处理能力时，企业才能有效地处理通过多种途径接入的大量服务信息，并根据客户的需求迅速调配内部资源提供服务。在构建场景化的渠道时，企业不仅需要考虑如何利用现有渠道体系（如实体网点、自助设备、企业客户端）的优势，还要创建各种线上场景，例如移动应用程序、自助回收站点、网页和网站。此外，企业还应该考虑将社交和商业网站、政府机构、行业应用等作为前提，构建一个嵌入式服务体系，这个体系能够服务于各种生产和生活的回收机制以及商务交易，逐步实现从回收体系到营销体系的无缝对接。

（五）构建格林公司“机器预警+人工核查”智能风险防控体系

在信息不完整的情况下，可以采用“机器预警+人工核查”的方法。这种方法能够发挥系统运算能力的优势，并利用其24小时不间断工作的特性。建立系统回收积分管理机制，客户可实现将废弃物回收费用暂时存于系统平台上，也可用于物品兑换与提现操作（对于大额资金拨付，采用二次审核机制）。将线下人工与客户零距离接触的优势加以利用，降低风险管控成本和损失成本。